Bilanciando l'Essenza

Riflessioni Profonde sul Filo del Presente

GERARDO D'ORRICO

A papà,

In "Bilanciando l'Essenza", ogni pagina è
intessuta con la tua saggezza e il tuo amore, come
fili invisibili che sostengono il mio cammino.
Grazie per essere la radice salda e la guida
preziosa nella danza della vita.

Con amore e profonda gratitudine,
Gerardo D'Orrico

Indice dei Contenuti

Breve Biografia

Salve, sono Gerardo D'Orrico, nato il 6 marzo 1976 a Cosenza, una meravigliosa città nel cuore della regione Calabria, Italia. Fin da giovane, ho nutrito una profonda passione per l'arte, la scrittura e la tecnologia.

Dopo aver completato gli studi di maturità, ho intrapreso un percorso accademico presso le università di Arcavacata e Bologna, dove ho avuto l'opportunità di approfondire le mie conoscenze in diversi ambiti. Sebbene non abbia conseguito una laurea, ho sviluppato una solida competenza nell'informatica e mi sono appassionato all'utilizzo di strumenti musicali.

La mia giovinezza è stata divisa tra la residenza a Luzzi, un affascinante comune vicino a Cosenza, dove ho vissuto durante gli anni di studio, e la città natale di mia madre, Villapiana sul mare, che ha arricchito la mia esperienza di vita con il suo fascino marittimo e la sua cultura.

Fin da giovane, ho avuto l'opportunità di viaggiare in diverse parti d'Italia e, in alcune occasioni, all'estero. Queste esperienze hanno ampliato i miei orizzonti culturali, consentendomi di scoprire nuovi luoghi e di incontrare persone interessanti lungo il mio percorso.

Dopo aver completato il servizio militare, ho deciso di affiancare mio padre nel suo lavoro e, contemporaneamente, ho coltivato la mia passione per la scrittura in prosa. La mia dedizione all'informatica e alla programmazione software mi ha permesso di sviluppare solide competenze tecniche e di esplorare nuovi orizzonti creativi.

La mia ricerca personale mi ha spinto a creare e gestire il sito web Beneinst.it, un luogo virtuale in cui chiunque può condividere liberamente le proprie pagine di diario, lettere, poesie, disegni, quadri o foto. Questa piattaforma si è trasformata in un punto di incontro per artisti e appassionati di diverse discipline, offrendo loro la possibilità di esprimersi liberamente e condividere le proprie creazioni con il mondo.

Attualmente risiedo a Luzzi, dove mi dedico anche alla ricerca nel campo dell'arte tecnologica. Continuo a scrivere, rivedere e pubblicare i miei testi, esplorando le profondità dell'immaginazione e cercando di dare voce ai miei pensieri e alle mie esperienze attraverso la scrittura.

Finora, ho pubblicato quattro libri sotto forma di diari, ciascuno con una narrazione unica e una prospettiva personale. Queste opere includono "Il bene e il male, memorie", "Un soffitto di cenere", "Siamo già noi tra dieci minuti", "Dillo tu te stesso" e "Bilanciando l'Essenza". Ogni libro rappresenta una tappa del mio viaggio di scoperta e di esplorazione del mondo che mi circonda.

Sono grato per le opportunità che ho avuto e per le persone che hanno attraversato il mio cammino. Continuo a coltivare la mia passione per la scrittura e a esplorare nuove sfide creative. Spero che le mie opere possano ispirare e coinvolgere i lettori, aprendo nuove porte alla riflessione e alla comprensione dell'essere contemporaneo.

Album Foto su Pinterest
https://www.pinterest.it/beneinst/

Prefazione

Caro Lettore,

Benvenuto in "Bilanciando l'Essenza," un'opera che si dipana come un viaggio intraprendente attraverso il labirinto complesso delle riflessioni umane. È con gioia e gratitudine che condivido con te questa rielaborazione creativa di alcune parti del mio diario originale, "Un Soffitto di Cenere." Questa nuova prospettiva apre le porte a un universo di pensieri, emozioni e percezioni profonde, regalandoti una visione unica sui temi che permeano il tessuto della nostra esistenza.

In queste pagine, ti invito a esplorare le profondità della condizione umana. La scrittura, qui, è un invito a una riflessione sfumata, un viaggio attraverso un labirinto di pensieri che ti spinge a esaminare le tue convinzioni, a esplorare le sfumature della moralità, a sondare le profondità della conoscenza e dell'ignoranza, e a sfidare le idee preconcette.

"Bilanciando l'Essenza" va oltre il concetto di un semplice libro; è un invito a immergerti nelle infinite sfaccettature dell'esperienza umana. Attraverso queste pagine, testimone della sfida costante di affrontare le dualità apparenti che plasmano la nostra realtà: il bene e il male, l'ignoranza e la conoscenza, il passato e il futuro.

Quest'opera rappresenta una pietra miliare dell'esplorazione filosofica e dell'analisi creativa. Come suggerisce il titolo, è un costante equilibrio tra le diverse sfaccettature dell'essere umano. Ti invito a esplorare questa meravigliosa complessità, a sfidare le tue convinzioni e a scoprire nuove prospettive sulla vita, sulle relazioni umane e sulla natura stessa della realtà.

Questo non è solo un diario; è una guida verso una comprensione più profonda di chi siamo e del mondo che ci circonda. Ti spinge a oltrepassare i confini delle convenzioni sociali e delle tradizioni per cercare la verità e la comprensione. È un invito a vedere la vita da una prospettiva diversa, a esplorare le profondità dell'animo umano e a scoprire il potere della riflessione e della rielaborazione artistica nel portare alla luce nuove idee e intuizioni.

Vorrei farti notare anche che il personaggio G. presente soprattutto nei capitoli 17 e 18 ("La danza degli eventi" e "Ritorno alla semplicità") rappresenta me stesso, l'autore Gerardo D'Orrico. Questa connessione personale aggiunge un livello di intimità alla narrazione, e spero che la tua lettura sia arricchita da questa consapevolezza.

Alla fine di questa straordinaria esperienza, rivelo con sincerità che alcune parti di "Bilanciando l'Essenza" sono tratte dal diario originale "Un Soffitto di Cenere," amplificando così la profondità di questa esplorazione interiore.

Preparati per un viaggio unico, in cui la filosofia, la creatività e la profonda introspezione si fondono per offrirti una nuova prospettiva sulla vita e sulla natura umana. "Bilanciando l'Essenza" è un'opera che incanta e sfida, invitandoti a esplorare le infinite sfaccettature dell'esperienza umana. È una profonda meditazione sulla vita, la natura umana e il mondo in cui viviamo, senza paura di affrontare le domande difficili e le complessità della nostra esistenza.

Ti auguro una lettura arricchente.

Con gratitudine,

Gerardo D'Orrico

1. Oltre il Velo dell'Anima

Non smarrire la compostezza né la facoltà dell'espressione, né tollerare l'ingresso del male in seno alla propria dimora. La situazione non è mai veramente conclusa, persino quando così può apparire, bensì è l'essenza delle persone giuste che sancisce il discernimento. Anche quando le moltitudini scompariranno, un'anima resterà, e se l'umanità svanisse nell'oblio, ci saremo ancora Noi. Ciò accade in un momento che sfugge alle normali scansioni del tempo, in quello che comunemente nominiamo giorno o notte. Il mondo non ha mai ceduto a uno stato di torpore, bensì, invero, non è mai stato diversamente. Questo è meramente un giorno ordinario, privo di contraddizioni.

Forse la popolazione si è eccessivamente dilatata, ma non esiste una legge fondamentale che regolamenti l'organizzazione umana, poiché quest'ultima è stata modellata già nel 2007. Sono molte le rapine e molti i velivoli che solcano i cieli, reclamati da questo pianeta. Qui non trovano riscontro problemi nelle trasparenze di una luce pura e nitida, né incertezze nel retro di un veicolo o distorsioni nelle armoniche sonore. Gli altri individui, essi soltanto simulacri, nondimeno influiscono sulla nostra realtà. In anni remoti mi domandai da quale oscurità scaturisse la domanda: quale calamità comportasse il tentativo di eliminarli dal quadro. La legge è nostra e la vita non può scaturire da un flusso centrifugo. Scaliamo le vette negando la presenza del male, senza mai negare la sua esistenza, bensì predisponendoci per l'infinito, poiché non possiamo, in verità, sopravvivere qui altrimenti. Affrontiamo il male dalla stessa epoca della morte di Gesù, anche se ancora indago sul suo ruolo in questo millennio. Forse è proprio il concetto temporale a celare la visione del paradiso, un'illusione orchestrata per impedirci il varco, o forse l'assurdità di invertire il male col bene. Il male somiglia a un bodegón, mentre le altre figure umane appaiono gommosi.

Le allegorie non ricevono un grande favore dall'apparato aziendale governativo, ma posso confermare che costituiscono la chiave per comprendere il corretto passo da intraprendere. Comprensibile risulta arduo anche il più semplice dei concetti. La nostra identità non ci apparterrà più, poiché se intenderanno fare qualche cosa, ciò che desideravo era unicamente la libertà d'espressione. Cosa potremmo elargire, se non il guscio dell'essere, l'intera gamma del vero e del falso, di cui siamo all'oscuro? Nulla si arresta, tuttavia vige un codice che ci proibisce di sottrarci, ostacolati dal sofisma che la nostra esistenza sia menomabile. Sopravvive l'archetipo di ciò che fu o di ciò che ostinatamente vogliamo divenire. La vita risulta un'oasi di pace o un punto di partenza verso ciò che ci verrà precluso. Per liberarmi, ignoro perfino me stesso, serpeggia in me una sequela di episodi positivi e negativi.

Lascia sgretolare ogni manifestazione del male, e rimarrai solo. Mi fu comunicato che era sopraggiunto, ma soltanto successivamente seppi con chi si fosse legato, meditando su quell'abisso, che rende il mondo simile a un labirinto iniquo. Puoi fuggire, correre, ma infine giungerai all'inesorabile stanchezza; puoi sparare, ma il munizionamento si esaurirà. Il gioco è già in corso, siamo coinvolti e dobbiamo seguire le indicazioni. Dio solo può scrutarci al momento, e ci siamo in balia del suo volere, finché non interrompiamo il nostro cammino. Cercando d'interrompere la nostra marcia, verrai ferito, ma non potrai eludere per sempre il destino. Molti tentarono di sfuggirvi, ma sembra che la via di chi deve lasciare questo mondo sia peculiare. L'antitesi di un progetto ideale contemporaneo è la banalità quotidiana. Un semplice respiro d'aria fresca si rivela un bene prezioso, e finiamo per sottostare a un pedaggio persino per respirare. Doniamo gesti d'amore e sentimenti, che invece dovrebbero costituire un sottofondo di ogni istante ininterrotto.

Il bene può sembrare eccessivo nella sua ricerca di una felicità perpetua, simile all'euforia dell'innamoramento, dell'ebbrezza, o della ricompensa monetaria. Non si tratta d'un'invenzione. In linea di massima, non versiamo sangue innocente, non offendiamo, né infrangiamo il sacro. Alcuni ci persuadono altrimenti, ma ne consegue una solerte sensazione di colpa o una sinfonia di problemi, un coro di urla tra individui che si contraddicono senza comprenderne il motivo che giustifichi l'omicidio d'una virtù fasulla o spieghi cosa distingua un uomo dall'altro. Forse i loro dèi sono suicidi, i loro comandanti anime servili al di là del velo, ai quali tributano adorazione, serventi d'un inferno. Forse non possiedono una chiara concezione dell'inferno, e quindi nutrono la curiosità di svelarne l'essenza. Supera l'inferno è un bene, scrutare più a fondo risulta imperativo, benché spesso, dopo aver oltrepassato il male, paremo già liberati dalla catena che ci imprigionava. Primo fra i doveri è rispettare sé stessi, l'ultimo è perire come appena nati, nell'ignoranza delle azioni. Il tempo definisce il nostro orientamento, la prima impronta visiva e sonora del nostro essere. La prima condizione imprescindibile è non mancarci di rispetto, seguita dalle dieci prescrizioni. Al termine di questo cammino, una sorpresa potrebbe risiedere nell'incontro con Dio, Colui che aspira a sopprimerci.

Un'enorme fallacia consiste nell'accettare che il male possa travestirsi da bene. Il male è semplicemente male, tanto quanto il bene è semplicemente bene. Eppure, quotidianamente, assistiamo alle dispute sulle sfumature di questo enigma. Forse, potrebbe concretizzarsi come una questione di risoluzione matematica, tra ciò che ha importanza e ciò che traspare, ma quel che avviene successivamente è del tutto diverso. La disfunzione che oggi manifestiamo non può essere ricomposta senza l'intervento di forze esterne. Non possiamo passare la nostra esistenza come automi per poi tentare una redenzione serale, correndo il rischio di metterci in pericolo. Ieri, osservai con grande attenzione il male e oggi comprendo chiaramente il nemico che abbiamo identificato, una forza che saccheggia le nostre vite al fine di depauperarne l'essenza. Il bene non si è mai reso colpevole d'un tale furto, esso rappresenta la spiegazione di ciò che portiamo dentro di noi, un frammento del nostro essere. In questa visione, il paradiso potrebbe essere l'epilogo del mondo, la sua perfetta realizzazione.

Il male, viceversa, si staglia davanti a noi, costringendoci alla condizione d'automi per la gran parte della giornata, privandoci di movimento sia fisico che mentale. Apparentemente, la libertà individuale si configura come una replicazione del bene attuale. Ci troviamo qui, in Italia, una nazione che si estende dal nord al sud, un unico corpo giuridico e uno spazio per le libere opinioni. L'assenza di una chiara presenza del male costituisce un errore che correggiamo ogni giorno, poiché plasmiamo il nostro rapporto con gli altri. Il bene sembra offrire una risoluzione definitiva, dissolvendo ogni altra realtà, finché non restano che flebili ombre in quest'inferno trascurato, in cui siamo confinati.

Poiché ambienti circostanti si arrogano il diritto di decidere per noi, ci ritroviamo immersi in una condizione descritta con disapprovazione. Questa condizione ci allontana dalla realtà altrui e ci spinge ad ambire a qualcosa di più. La vita in società non pare riflettersi nella legge italiana, e nel contempo, appare scarso interesse verso l'istanza del cambiamento. Comportamenti illeciti sembrano accettati come inoffensivi. Lo sforzo per correggere questa situazione appare possibile, attraverso il contributo di micro-movimenti politici, burocratici, o giuridici, capaci di forgiare un sistema autonomo, senza l'intervento umano. Tuttavia, individui ancora desiderosi di versare sangue sacrificano la loro esistenza per sostenere un'entità sociale che non intraprende alcuna azione, o che si prepara a morire, guidata da schemi astrali. Sognando un mondo migliore, siamo chiamati a perire quotidianamente per tutti, in quanto l'inganno è già stato svelato e il futuro è oramai predestinato. Occorre ristabilire la giungla per riscoprire l'umanità. La solitudine, raro dono, s'intravede come un momento prezioso. Quanto saremmo disposti a pagare pur di rimanere soli?

Medito sulle lancette dell'orologio poiché sembrano cancellare la memoria. Fumo una sigaretta mentre indeciso tra l'oblio e il ricordo, resisto, cercando di ritrovarti, di sottrarti all'oblio.

2. Navigando il Labirinto del Pensiero

Nel profondo delle tenebre del tempo, emerge un oscuro ritratto delle sconfitte umane, un rituale di autodistruzione che si svolge sotto il manto del giorno e della notte. Questo insaziabile desiderio di ferire gli altri e annientare sé stessi, in una crudelissima ricerca di depersonalizzazione, getta ombre sulla nostra stessa identità.

S'è rivelato evidente che quando ci sforziamo, sia per il bene comune o per il nostro personale bene, l'immobilità è un lusso che non possiamo permetterci. Le giornate si materializzano come nebbiose e oscure, i loro scopi cancellati sin dall'inizio. Questo destino sembra colpire tutti coloro che incontriamo, costretti a svolgere ciò che è stato predeterminato. Questi eventi si ripropongono ciclicamente, quasi come se fossero in attesa dell'apocalisse, poiché il bene esige il suo tributo. Dobbiamo accettare compiti che ci sono stati strappati, che ci hanno causato sofferenza, e che, ironicamente, erano necessari.

L'ambiente rurale e urbano, limitato dalla macchina che trascina avanti e indietro il destino umano, è stato annientato. Con tenacia e fatica, intravediamo una possibile via d'uscita da questa situazione che sembra inestricabile, poiché non possiamo permetterci l'eternità. Infatti, noi stessi non siamo eterni, ma quando tutto sembra crollare, ci sforziamo di rimettere insieme i pezzi come se nulla fosse mai accaduto.

Nel profondo del nostro cuore, continuiamo a nutrire la speranza in un barlume di clemenza e benevolenza. Sono le parole conclusive di chi, nonostante le ombre, trova un briciolo di gioia in questa realtà, come se la bottiglia fosse già vuota, ma il tempo, ah, il tempo non si ferma. Ogni azione, nonostante la sua debolezza o malvagità intrinseca, è una tessera essenziale del mosaico della vita. Ma vi sono azioni che infliggono dolore lungo il loro tortuoso cammino, e sicuramente non si può paragonare questo al consumo disinvolto di candeggina. Questi atti non vogliono solo ferirci, ma anche farlo nel momento in cui meno ce lo aspettiamo, spesso mentre siamo ciechi di fronte agli oggetti in movimento, particolarmente quando riguardano la nostra testa.

Non prendermi in malo modo, ma tengo sempre la mia testa ben ferma perché sono ancorato al presente, prigioniero di questo mondo moderno. Questi problemi che ci affliggono, spesso intimamente, non sono segni di malattia, né razzia. Forse è giusto rispettare il diritto alla nostra privacy, ma dobbiamo anche domandarci se la nostra difesa sia legittima. Non è necessario scrutare ogni singolo momento alla ricerca di un nemico, poiché il male, come il bene, può essere ingannevolmente camuffato.

Nonostante le nebbie dell'incertezza, persino se richiedono un briciolo di tempo al mattino per definire gli obiettivi del giorno, dobbiamo tracciare la nostra rotta. La morte, be', la morte è in agguato, ma solo se rimaniamo immobili, senza spostarci. In effetti, il tempo stesso sottrae le opportunità che trascuriamo, come un costante memento mori. Viviamo, eppure siamo destinati a morire, un fatto di straordinaria importanza in questa infinita folla di individui. Non si può evitare il piacere di uscire e ascoltare le voci degli altri. Osserva come il tempo cancelli tutto. E, sapendo questo, un'anima solitaria, dopo un breve quinquennio, può trasformarsi in un essere socievole, incarnando l'essenza di una società moderna in rapida evoluzione.

Chiunque abbracci questo "esperimento del bene" affronta il retaggio dell'esistenza, anche se non è del tutto chiaro che dobbiamo soffrire per le azioni degli altri, per le ferite autoinflitte o per i doveri imposti da un destino imperturbabile. Forse, una delle molteplici cause di questa sofferenza è la consapevolezza del male che ci circonda.

Quindi, il segreto sta nell'analizzare attentamente la tua "bomba a orologeria" e pianificare con saggezza il momento in cui non sarai presente quando essa esploderà. Successivamente, potresti contemplare l'idea di creare un rifugio, un luogo dove puoi abbandonare l'indifferenza e seguire i tuoi desideri.

Quindi, potrai esplorare la tua città, gustando pranzi, cene e l'ombra rassicurante del crepuscolo. Non possiamo restare fermi, neppure se ci ritroviamo intrappolati nelle nostre stesse esistenze, poiché non possiamo ricominciare da zero ad ogni piè sospinto. In Italia, un tempo si diceva: "Meglio morire," ma alla fine, la morte giungeva solo dopo un paio d'ore. Non era affatto una benedizione, bensì un rimorso per aver lasciato passare le opportunità e per aver tentato di eludere il suo inevitabile abbraccio.

Continua a vivere, non rimanere inerte, altrimenti stai solo aspettando la morte. Non nutrire dubbi su questo mondo, apparentemente inanimato. Qui, la vera insidia risiede nella brama smodata per il denaro. Dobbiamo confidare solamente in noi stessi, ricordando che il male non ci avrà se non gli offriamo nulla. Nessuno potrà giudicarci come sconfitti o incapaci tra dieci anni se siamo costantemente impegnati nella ricerca di nuove conoscenze. Il nostro peso corporeo è più che semplice acqua, è il nostro bagaglio, la nostra storia e il nostro cammino.

Immagino che non scenderemo mai più a valle, e così facendo, neppure io mi impegnerò in un simile percorso. Perché dovremmo precipitarci nell'abisso del male? Pertanto, riconciliati con l'anima e parla alle tue illusioni. Quel che vediamo dinanzi a noi è solo un artificio aziendale, ma nel tempo si trasforma in una dimora fantastica. In fondo, non esiste l'opposto di un individuo, ma piuttosto un altro individuo con una motivazione differente che si sovrappone alla vita. La vita prosegue, non troviamo leva, non affrontiamo attacchi o malevolenza. Concentriamoci sul futuro.

Considera il giovane che vive, si nutre, e partecipa alle gioie terrene. Non ha bisogno di nient'altro, soprattutto non si è mai posto domande sulle presenze umane, spesso limitate a mere astrazioni. Ride senza dare l'impressione di essere un sempliciotto, non è pazzo, né privo di futuro. Giungerà chi cercherà di mettere fine ai tuoi affanni, un vicino o due, che ti consiglieranno di abbandonare ciò che stai facendo se non riesci a comprendere il presente. Guarda al futuro.

Va bene, accettiamo il non agire. Riposiamoci questa sera, anche se ormai la notte non ci appartiene più, ma piuttosto è dei profani. Ti sembrerà strano, ma queste anime, forse sai già, sono felici di abbandonare questa esistenza, mentre noi abbiamo paura. Eppure, non esistono differenze. Va bene, allora non ci sarà, oppure è già accaduto o avverrà. Ciononostante, il tempo si avvicina, lento ma inesorabile. Tuttavia, c'è un'altra questione: viva il comunismo, se ci sono ancor dei comunisti. Convivere comporterà l'espatrio dal fascismo ancora in vita. Un parassita, simbolo di destra, cerca di reprimere le nostre voci, ma se la soluzione risiede nell'essere umani, dobbiamo riflettere sul fatto che gli altri sono esseri umani, o no? Nutriti in modo adeguato, ma con saggezza. Investi nel tuo benessere e smetti di annullare il passato, poiché resta solo un ricordo. Il presente profuma sempre di buono.

Le cose non vanno bene, non sono chiare, chi può dirlo? Non esclamare: "Te l'avevo detto!" Il veleno, in ogni caso, sarà ciò che sarà. La vita è fugace. Come farai a tornare a casa senza un angelo al tuo fianco, senza nutrirti e riposare, senza comprenderne la ragione della tua esistenza? In realtà, non abbiamo mai vissuto tutti insieme, uno alla volta. Non nascondere il bene, signor Nessuno. Vivere e permettere agli altri di vivere. Esistono molte vie per abbracciare l'oscurità di queste concezioni malconce, ma solo un modo per abbracciare la luce. Questo non ci è stato mai insegnato da quei saggi moderni. E così, proseguiamo, anche se può sembrare una riduzione o un ingrandimento. La solitudine ci avvolge ancora, o meglio, continuiamo a cercare disperatamente una formula armoniosa o un prodotto cartesianamente progettato, anziché un'emozione diversa dall'amore o un alleato nella battaglia contro il male. Sarà troppo tardi, pertanto, non lamentiamoci. Abbiamo già ricevuto troppo, forse persino troppo. È un'esagerazione... Osserviamo quel cibo nella cucina, sembra dirci qualcosa. E poi, come sempre, le salite e le discese per le scale, cercando inutilmente di evitare gli incontri. Forse, semplicemente, ci siamo sbagliati di anno.

Eppure, chiunque faccia l'errore lo pagherà in una realtà che esala malevolenza. Che senso ha creare un cestino, o forse un foro? Qui tutto sembra composto da prelibatezze confezionate, destinato all'uso ormai remoto, semplicemente per rimanere nuove. Tuttavia, non possiamo crescere né progredire mentre il vero male non si annida nei cestini, ma piuttosto è costituito dall'intera collezione di malanni sospesi nel vuoto. E ora, forse comprendo il motivo della nostra perdita del bene. Questi sono individui cresciuti, che solo a tratti riescono a comprendere, ma la maggior parte del tempo vivono nell'ignoranza. E se riuscissimo a cogliere la profondità di ciò che abbiamo appreso, verremmo attaccati senza tregua, finché le pizze e le torte non saranno più che un lontano ricordo. Questi aguzzini non sono diversi dalle altre malattie. Buon appetito.

3. L'Arte dell'Equilibrio

Per penetrare nella natura del bene, è necessario dimorare in uno stato di consapevolezza acuta, svegliarsi dall'apatia e dalla sonnolenza dell'esistenza. Così, mi ritrovo occasionalmente nel presente, circondato dalla strabiliante tecnologia, e rifletto sul fatto che il futuro è ormai giunto. Ciò per cui lottiamo con certezza si materializza, ma il vero enigma sta nel riuscire a esserci fisicamente per assistervi. Ogni cosa troverà la sua fine, un presagio che inaugura la prospettiva di una vita migliore, unica ed effimera. Siamo costruiti a partire da schemi e teorie che plasmano il nostro quotidiano. Le primitive rappresentazioni che ne sono state l'incipit costituiranno la chiave di accesso al futuro, aprendo una porta che attraversa il tempo e ci introduce in uno stato di mente dove il dolore e le emozioni cedono il passo all'imperturbabilità.

In effetti, il bene si materializza e si manifesta come l'immagine dei nostri sogni, e in questa assenza di tempo, la storia si srotola senza invidie o malignità. Ogni lingua condivisa o software creato sono le fondamenta di un dialogo nel panorama vario delle nostre esperienze umane, un monumento ai ricordi dei nostri progenitori.

L'arte non è il prodotto della sofferenza, ma un percorso verso la liberazione, una fuga dall'angoscia che, in verità, non ho mai trovato gratificante. In generale, non dovrebbero esserci dilemmi per cominciare; le complicazioni sono un disastro. Abbiamo fatto ciò che era necessario almeno una volta al giorno, e quando ciò diventa un rituale, viviamo nel costante presente, nell'anno zero sette. Possiamo fidarci e investire senza il peso delle ambiguità. La verità è che ciò che è autentico viene rivelato in maniera casuale.

Quando l'acqua s'esaurirà, rimarrò immobile nell'attesa. Non soffriremo a causa delle mancanze cumulative, non saremo afflitti dalla scarsità, perché essa è solo un'illusione blasfema dell'universo. Abbiamo compiuto tutto ciò che era necessario, pertanto confida in te stesso, poiché in un essere umano non esiste il duplicato del nulla.

Al massimo, potrebbe essere una piccola abrasione, o forse una pura invenzione della mente o una breccia nell'anima. Non esistono individui che restino sconosciuti per sempre in questo arco diurno. Se ci soffermiamo su questa idea, ogni persona o oggetto nelle nostre vicinanze diventa il custode di ciò che ci è mancato. C'è una costante minaccia di perdere il futuro, o meglio, di essere soppiantati nel plasmarlo.

Quante guerre, ma la pace, ah, la pace, rimane fuori dalla nostra portata. Osserva il cronometro, che segna l'inizio di ciò che è stato, o meglio, che non sarà mai o non è mai stato. I problemi si delineano come sentenze di morte, e la mancanza sarà ancora morte. Ci sono parole che osiamo appena sussurrare, il silenzio ne è la loro morte, nei luoghi dove siamo costretti a tacerle, poiché nessun udito è pronto a crederci, un'usuale condanna. Riconosciamo all'improvviso il male, il luogo ove nessun uomo può affermare di essere stato, e poi sussistono i luoghi ove siamo stati che sfuggono a ogni citazione.

4. Segreti del Cuore e dell'Animo

L'uscita, quella via di fuga tanto agognata, rimane una chimera... Si svela come una soluzione inesistente ai nostri travagli. Forse la chiave risiede nell'intraprendere un viaggio interiore, nell'esplorare le profondità del nostro essere senza dipendere da esterni per trarne orientamento. Insieme, le sfumature dell'esistenza si accendono in tutto il loro splendore. L'atto di essere si converte in una manifestazione di pensieri, parole, gesti, baci e persino scontri... Quando avremo cessato di essere, che il nostro sguardo non si posa su di noi, bensì sul retaggio di noi stessi che ha permeato la realtà. Il potere ha sempre rappresentato una realtà tangibile, mentre la mente è stata l'architetto dei nostri destini. Oggi ci troviamo a un punto in cui l'incognita regna sovrana, e ciò che il futuro ci riserva rimane ignoto.

La permanenza nel bene implica un legame costante con tutto ciò che abbiamo vissuto. Ecco un incessante flusso di vite che si generano, plasmandoci nel processo. Gli altri sopravvivono poiché tu, un tempo, hai tracciato il cammino, plasmando un futuro adulto. La realtà di ciò che percepiamo è il risultato di ciò che abbiamo seminato.

Lo Stato è stato l'elemento bene mancante. La successione deve tradursi in miglioramenti rispetto alle condizioni che non funzionavano. Il pensiero irrazionale è la base del nostro rovina, e i confronti richiedono uno spazio mentale sottratto agli occhi e alla mente. La posizione dell'oggetto non deve turbare la chiarezza, sia esso un libro o un taccuino. Anche il più semplice atto in cucina, infornare, comporta una metamorfosi che elimina la precedente forma. Poiché noi siamo un frammento di questo mondo, siamo divenuti parte di tutto ciò che lo compone. Il male non rappresenta altro che un futile spreco di tempo.

Opporsi al bene significa condannarsi all'infelicità. Questo costituisce il nudo fondamento dell'insanabile confusione. Proseguiamo il nostro cammino, poiché la stasi è un'equazione irrisolvibile: se "y" si allontana da "x" all'infinito, l'equazione perde ogni significato. Il comunismo si configura come un sogno, poiché la realtà dimostra che non siamo tutti uguali... Pertanto, lo Stato non ha ancora raggiunto il suo culmine nell'opera umana, altrimenti il male non sopravviverebbe. Lo Stato è sempre in arrivo, ma quando giungerà il momento della sua definitiva compiutezza? Qui, la verità è un'entità evanescente. Superare per respirare costituisce una ragione indiscutibile. Pertanto, se "y" non è uguale a "x," una nuova realtà può invertirsi in una soluzione. Tutto il resto è pura finzione, credimi, non vi è posto per l'immaginazione, e coloro che affermano di possederla soffrono di un "problema."

Essi non conoscono il significato del rispetto, dunque risparmiati dal rivelarglielo. Non c'è quasi nulla che rimanga intatto, come se l'aria stessa fosse stata tagliata a fette. Un enigma rappresenta il peso dei problemi altrui, un esempio dell'arduo compito di percepire la realtà altrui. La ragnatela rappresenta un simbolo della nostra esistenza, e il male è l'unico comprensorio. Sì, è verissimo, tutto è già predisposto, definito nel suo esserci o non esserci, eppure questo mondo, che ci viene presentato nella sua normale quotidianità, ci appare sotto una veste sgradevole. A partire da oggi, vota Craxi, la cui esistenza è priva di fondamento. G.

5. Echi Emozionali: Una Danza Interiore

L'incontro, è un evento puramente illusorio, non è vero? Siamo soggetti a forze che condizionano il nostro interesse preminente. L'assenza è una forma di denuncia del male, una pietra angolare nel perenne smarrimento umano. Talvolta, l'ambito sociale confonde la natura umana con oggetti inanimati.

Quel che siamo stati è già una sufficiente base per vivere e sorridere, in quanto il futuro costituisce il frutto più prelibato offerto dalla vita stessa. L'aria che respiriamo, i gusti che assaporiamo, e le voci delle persone intorno a noi sono come novità che risvegliano i sensi. È un incontro con la fortuna di rincontrarci o, nel caso non ci siamo mai conosciuti, di non incappare in cadute che ci rendano invisibili alla vista e all'esperienza stessa. Il potere è la manifestazione della vita senza rancori... Abbandonare la condizione di perdizione a favore della fede, delle luci autentiche, e della fragranza che caratterizza la vita, è stato per me un passaggio gradito. Ricordare il nostro essere finito è una celebrazione di ciò che siamo diventati oggi. È sorprendente constatare che il futuro è una realtà tangibile, che tutto è stato rivalutato, compreso noi stessi. Vivere felicemente in un domani completo, con l'aria fresca, un pensiero leggermente ardente nel cervello, un pensiero che ci consente di respirare senza l'ombra di quelle persone che spargono malevolenza. Siamo liberi dall'imposizione di essere, liberi di vivere senza abbracciare le fantasie contorte del mondo.

Le persone possono fungere da medicina o essere causa di malattie; la rete umana è la fonte che costruisce la verità. Non buttiamo via ciò che abbiamo acquisito grazie alle esperienze; ciò che potevamo fare è ancora in nostro potere, poiché l'esistenza è simile a un oggetto. Credere significa esistere; chi crede è, in verità. Un leggero fruscio di ossa, carne, e spirito si orienta verso una consapevolezza intellettuale che coglie i frutti di un corpo che ha riacquistato la salute, nonostante le sue colpe. Respira la realtà di un pensiero individuale, anche se la concretizzazione è un compito impegnativo. In principio, c'era la creazione di noi stessi, seguita da una catastrofe persistente che persiste ancora, un'ombra impossibile da cancellare. Parole che non possono essere pronunciate, rappresentano la morte del pensiero. Nella ragnatela delle questioni insolute, emergono evidenti le trame della vita che non può essere espressa, poiché nessuno ci crede: un classico. Improvvisamente, si comprende chi è il male, il luogo in cui nessuno può affermare di essere stato, ma non ci sono zone in cui siamo stati che non possono essere menzionate.

6. Tra Luci e Ombre: Un Viaggio Esistenziale

L'escamotage per uscire dalla mummificazione della routine quotidiana richiede un'occasione per respirare l'aria fresca. Vivere senza dissolvere le credenze è un'impresa impossibile. Non possiamo esistere senza il potere, e spesso si fa confusione tra l'aria e l'arte, ma per molti, la destituzione del governo rappresenta la pace, libera da carenze e sorprese inattese. Ciò che rimane dall'invidia subita da poche, ma ferventi persone, non è soltanto il sonno, ma anche la testimonianza di una coscienza popolare che non si è sviluppata, poiché l'acqua può sembrare petrolio. Dovunque tu sia, non cedere e non accordarti a compromessi. L'opportunità migliore si offre senza preavviso e senza aspettarsi nulla in cambio, senza mai più incrociarsi.

Dove non siamo, il mondo moderno tende a far diventare saputo il futuro. La migliore prospettiva per me è considerare che domani sarà diverso da oggi, ma allo stesso tempo legato a oggi. Dio ha sempre ragionato sul fatto che è giusto, ma non ci sarà alcun suicidio di massa come suggeriscono i maligni di oggi. Lo faranno sempre, puoi starne certo. Nel fondo, quegli esseri falsi che si presentano, le voci che non rappresentano un quartiere in cui vale la pena stare, costano una vita, ma è solo un luogo sbagliato.

Alcuni luoghi in cui continuare a ritornare senza fine. Non era lo Stato ciò che eravamo? Che cosa rimane del nostro cervello immerso in un mare di idee inesistenti, privo di un pensiero comune per coloro che lo considerano un errore? Facendo finta di non saperlo, ci cancellano pure dalla falsità. In questo mare, che non era un mare ma una sorgente in un labirinto di cose, non costruiamo idee buone ma idee cattive, prerogative di strutture in cui non possiamo permanere, ma solo osservare se in quel mondo che non esiste siamo sfruttati.

Le persone, trasformate in bottiglie di amarezza, giocano nell'aria, e non si capisce il punto interrogativo. In un mare in tempesta, dove è la tranquillità? Ma un bene non era una cosa privata, un cristallo da mangiare, da bere, da capire e da condividere o questioni pubbliche che speriamo si risolvano presto, imprigionate nel loro impero comune. Nessun dubbio, non rimarremo limitati o sconfitti, poiché dire che non è successo niente sarebbe come negare il passato. Arrivare dove gli altri non arrivano è stato un successo, perdersi per non vedere sé stessi sarà un gioco che si perde a una certa età. Non credere che il futuro sia un'illusione; è come arrivare in una città.

Non è domani, ma cosa potrebbe essere domani con un po' di benessere in più, senza i problemi di ieri e magari con la vita che ci sta prospettando oggi, se solo potessimo rispondere alle grandi domande che in realtà sono parole giganti, usate per scopi non sempre nobili. Il trucco sta nel considerare sempre le parole grandi come importanti, mentre il resto è solo un pacchetto disponibile nel tuo negozio di fiducia.

Nessun problema, solo gioia o morte, e poi la vita che rimane sempre la stessa. Manifestati solo in buone azioni e istituisciti ovunque. Cosa sarà il futuro? Sarà composto da storie mortali, ma possiamo cercare di pensare a qualcos'altro o al motivo per cui il tempo scorre. In realtà, siamo già delle costruzioni edificate, già nati, e cosa facciamo è il risultato di quello che siamo stati. La morte non sarà mai una risposta, non svanirà mai, anche se sembrava essere solo un ricordo. Perciò cosa ci accade non accade soltanto a noi stessi. Sì, anch'io sono stanco di parlare sempre delle stesse cose, ma la vita senza di te o senza un obiettivo sarebbe come un viaggio senza meta.

7. Riflessioni Temporali

Nella pervicace continuità degli annali, s'internava un altro giorno. E che giorno era, se mai lo si può argomentare? Una nuova ripetizione, un altrove nel corso degli istanti decisivi, ove ci si deve armare d'animo. Affrontiamo frangenti che ci riportano a un dialogo nel quale ci perdiamo, ove l'essenza del nostro essere sembra venir meno. Siamo come quella bottiglia di liquido dimenticato, tracimati nell'ignoto, innominabili di fronte a un futuro che rimane celato, celato da un profondo non conoscere. Siamo privati di un passato che non ci è dato di possedere, annullati, imbrigliati in un mondo che vogliono plasmare senza la benché minima comprensione. Ci negano ciò che non abbiamo mai cercato, ci impongono l'obbligo di scrutare il vuoto senza riposo. Questa imposizione conduce verso un futuro in cui siamo ignari, un futuro in cui non ci si può permettere di guardare all'indietro, giacché l'indietro è inibito. Le sorti sono tracciate dall'alto, ci sono costretti da forze ignote, e la coscienza ci è preclusa.

Quello che non è stato domandato, non sarà elargito. Dovremo esplorare da soli, cercare il mistero di ciò che ci è stato negato. Il riposo non sarà concesso se non possibile; non ci si deve tradire per favorire l'inganno dell'altro, persino se l'altro è indefinito e inafferrabile. Chi siamo noi per raggirare un tale enigma, seppure l'enigma non sia mai stato espresso direttamente? Ciò che ci è stato proibito, ora ci tocca scoprire da soli. Dobbiamo resistere all'inerzia e al sonno, resistere all'inganno dell'oblio, e superare il bisogno di manipolare ciò che è indefinibile.

Ecco i nostri edifici, che sembrano svanire dalla vista, poiché oggi siamo meravigliati da ciò che domani ci era inaccessibile, un'inalterata realtà che non poteva essere raggiunta. Nessuno poteva parlare, poiché tutto era inaccettabile. Quello che non abbiamo richiesto, non ci sarà mai concesso, e ciò che non possiamo vedere è la sua ostentazione. L'opacità regna sovrana negli oggetti e nelle loro manifestazioni, una legge inappellabile che dobbiamo onorare. La strada che stiamo percorrendo sembra essere il sentiero della vita, e gli anni continuano a fluire inesorabili. Eppure, chi ha davvero compreso? Chi è riuscito a discernere tra noi? Questa costante comprensione, perché? È evidente che è necessario esprimersi, ma da dove sorge questa necessità? E, soprattutto, quali sono le conseguenze? La realtà si svela come il nostro riflesso in uno specchio incrinato, una società che si costruisce intorno a idee che non esistono, un collettivo privo di un pensiero condiviso che, per coloro che cercano, diventa un errore. Fingiamo di ignorare questo fatto, di essere messi da parte come oggetti fallimentari.

È ovvio che siamo spinti a non saperlo, la verità è seppellita sotto un mucchio di menzogne. In questa giungla del linguaggio e dell'espressione, la paura persiste per impedire che le verità non dette emergano. È il nostro dovere scuoterci da questa burocrazia linguistica, per sciogliere i nodi del silenzio, che alimentano il futuro.

Siamo immersi in una società intercambiabile, accettiamo passivamente ciò che ci viene imposto e raramente ci interroghiamo sulla verità. Non possiamo svelare ciò che ci è stato negato. Accettiamo le condizioni e non ci ribelliamo, anche se questo significa non poter avere il futuro che desideriamo. La prossima mossa è un segno tangibile del passato, un passato che ora è anche il nostro. Stiamo creando un filo che collega giorni e mesi, prendendo coscienza delle persone con cui dialoghiamo, cercando nuovi particolari nelle conversazioni. Abbiamo un dovere di sincerità nei confronti di noi stessi e degli altri. La verità è ciò che ci permette di avanzare e costruire il futuro.

La società attuale sembra confondere ciò che ci è stato dato o fatto e ciò che è genuino e originale. È nostro compito distinguere tra ciò che è autentico e ciò che è falso, tra ciò che possiamo avere e ciò che ci hanno imposto. La realtà virtuale cresce intorno a noi, mentre ci nascondono la cultura, la legge e la burocrazia. Ci dicono che è solo un gioco, mentre in realtà stanno giocando con le nostre vite, spostandoci verso direzioni sconosciute e proibendoci di seguire il nostro percorso naturale. È arrivato il momento di sfidare questa manipolazione e cercare una maggiore chiarezza.

Il tempo, come una pioggia che lava via le macchie, cerca di cancellare i problemi, e dobbiamo imparare a non preoccuparci troppo. Come quando completiamo un lavoro e godiamo del senso di realizzazione, dobbiamo concentrarci sul presente. Il passato è finito, e ciò che importa è ciò che facciamo ora e ciò che ci riserva il futuro. La noia potrebbe essere solo una scusa per non affrontare l'evidenza temporanea, ma non dovremmo mai smettere di cercare la luce.

Ho notato che la normalità può mutarsi in modi imprevedibili, e dobbiamo essere pronti ad accogliere le sfide che il futuro ci riserverà. Quella strada che sembra non avere una fine in realtà non porta da nessuna parte, e spesso è più saggio sceglierne una più familiare, una che conosciamo già. Anche se potrebbero dire che stiamo sbagliando, cosa importa? L'importante è raggiungere la nostra destinazione, e spesso il luogo migliore è quello che conosciamo meglio. La chiarezza è il nostro obiettivo, e non dovremmo essere accecati dalle incertezze.

La verità è che il fascismo, sotto altre spoglie, continua a persistere. La vita ci offre l'opportunità di districarci dalle catene del conformismo e della repressione personale. Dobbiamo imparare a selezionare gli elementi autentici e riscoprire la nostra vera essenza. Anche se sembrano esserci molte strade percorribili, dobbiamo sempre ricordare il nostro obiettivo iniziale e rimanere fedeli a noi stessi. Non permettere mai che il mondo distolga il tuo sguardo dalla verità. La consapevolezza e la determinazione saranno le chiavi per rompere il ciclo del conformismo e dell'oppressione.

In realtà, il fascismo è ancora presente, seppur mascherato. È fondamentale guardare con occhi critici al mondo che ci circonda, poiché la società moderna ci relega spesso a un ruolo passivo. Non ci è permesso di sapere o di comprendere appieno la complessità delle dinamiche che plasmano il nostro destino. Il tempo continua a fluire, ma non dobbiamo permettere che le esperienze del passato vengano cancellate. Non dimentichiamo il nostro impegno di lottare per la verità.

La vita è una danza perpetua tra la luce e l'oscurità, tra la chiarezza e l'incertezza. Dobbiamo abbracciare entrambi gli aspetti per crescere e svilupparci. Anche se sembra che non ci sia fine, possiamo trovare la chiarezza nei momenti di incertezza. Non permettiamo mai che il mondo ci impedisca di perseguire la verità.

chiarezza nei momenti di incertezza. Non permettiamo mai che il mondo ci impedisca di perseguire la verità.

8. Spettri del Passato: Memorie Intramontabili

Nell'infinita trama del tempo, ci troviamo di nuovo. Ma cosa è il tempo? È un'entità fluida, una sfera di mistero che ci sfugge, che ci incatena nella sua corsa incessante. Il 31 marzo 2008 è solo una frazione di questo flusso inarrestabile, un frammento di eternità in cui siamo confinati, a vagare tra i sogni e la realtà.

Siamo soli nel vasto mare del tempo, impotenti di fronte alle sue oscillazioni. Il bene e il male, concetti che ci agitano e ci tormentano, si manifestano in questo eterno presente. Ma cosa è reale? Cosa è un'illusione? Siamo prigionieri di questa dimensione, costretti a danzare al ritmo della sua musica incomprensibile.

L'ignoranza ci perseguita, avvolge le nostre menti come una nebbia fitta. Il passato, un cancro che affligge l'Europa, si proietta nel presente, alterando la nostra percezione della realtà. La conoscenza è solo un frammento di verità, e la sua ricerca può condurci a nuove prospettive, ma anche a nuovi enigmi.

La presenza è un concetto sfuggente, un atto che rivendica la sua supremazia. Ma il gioco del tempo è capriccioso, spingendoci ad affrontare i dilemmi dell'esistenza senza garantire risposte certe. Chi siamo noi per rubare l'identità al tempo? La realtà è uno specchio distorto, riflettente le nostre aspirazioni e i nostri sogni, ma anche le ombre del passato.

La vita è un susseguirsi di momenti, un flusso ininterrotto di possibilità e scelte. Ma cosa significa "nuovo"? La vita è un sogno, una realtà instabile in cui le parole spesso non bastano a esprimere il profondo significato delle emozioni e delle esperienze.

La verità è un concetto sfuggente, un enigma che cerchiamo di decifrare. Le parole possono essere contagiose, trasmettendo il loro potere nella nostra comprensione del mondo. La pulizia dell'anima è la regola suprema in questo mondo, mentre l'ordine regna sovrano. Ma cosa significa "ordine" in un mondo dove la realtà è distorta e le verità nascoste? Le nostre identità sono celate, i concetti offuscati da una profonda ambiguità. La realtà virtuale si insinua tra i frammenti della nostra coscienza, mentre le parole vengono distorte, corrotte da discorsi vuoti. Siamo come marionette in un teatro, manipolati dalle forze sconosciute del potere.

Siamo immersi in un mondo in cui il passato si fonde con il presente, creando un labirinto di significati e connessioni. La chiarezza si nasconde dietro un velo di oscurità, e dobbiamo lottare per far emergere la verità. Il conformismo e l'oppressione ci circondano, ma dobbiamo resistere, cercando la luce nel buio.

Il fascismo, mascherato in nuove forme, persiste nell'ombra. La vita è una danza tra la luce e l'oscurità, tra la chiarezza e l'incertezza. Dobbiamo rimanere fedeli a noi stessi, sfidando l'inganno e cercando la verità.

Il tempo scorre incessantemente, e noi dobbiamo continuare a cercare la luce nel buio. La normalità è un'illusione, un rifugio per coloro che temono la verità. La consapevolezza e la determinazione sono le chiavi per rompere il ciclo del conformismo e dell'oppressione.

Il presente è ciò che conta, e dobbiamo abbracciare il mistero del futuro con coraggio. Le incertezze possono essere un'opportunità per la crescita e la scoperta. Non permettiamo mai che il mondo ci impedisca di perseguire la verità.

Il fascismo, in tutte le sue forme, continua a minacciarci. La vita è un sogno, e dobbiamo lottare per preservare la libertà e la verità. La calma è il segreto di tutte le cose, e dobbiamo cercare la pace interiore per affrontare le sfide che ci attendono.

Il tempo non si ferma, e noi non possiamo cambiare il mondo da soli. Dobbiamo adattarci alle circostanze e costruire il nostro discorso di rivoluzione. La normalità è solo un'illusione, un riflesso distorto di ciò che è vero. Dobbiamo resistere all'inganno e cercare la verità, anche se questo significa sfidare il conformismo e l'oppressione.

Lasciamo che la vita ci guidi nel suo fluire inesorabile, con la speranza che un giorno possiamo liberarci dalle catene dell'ignoranza e della manipolazione. Fino ad allora, continueremo a cercare la luce nella notte eterna del tempo. Con affetto, G.

9. L'Orizzonte dell'Anima

Siamo circondati da un eccesso di restrizioni, poiché il mondo anela alla massima libertà, mentre le narrazioni e le istituzioni parlano di limitazioni. Per me, è un dilemma che non oserei nominare, onde evitare di incappare in qualsiasi danno. La sfida posta da queste difficoltà è di natura insormontabile, poiché noi stessi siamo i cronisti di eventi che raramente suscitano interesse. Questi preconcetti si ergono come barriere, mentre la vera trama della storia è intrecciata con l'autentico tessuto sociale.

Le soluzioni inerenti a questo dilemma sono sfuggenti, prive di sostanza, eccetto quando vengono diligentemente delineate. Una denuncia ponderata potrebbe rivelarsi benefica per l'umanità. È stato sviluppato un software per mettere in ordine il caos, e ogni cosa sembra essere già stata sviscerata e analizzata in tutti i suoi aspetti. Sorprendentemente, nulla di ciò che ci sfugge è di nostra creazione. In effetti, l'intero universo appare come una tela predisposta per sfuggire alla trappola dell'appropriazione indebita e della colpa. La soluzione potrebbe essere radicata nel passato, poiché l'invenzione rappresenta un'entità ben distinta rispetto a una pratica corrotta o a un software maligno.

Il flusso del tempo subisce scalfitture, e anche un piccolo segno induce alla riflessione sull'errore in generale, poiché ciò che doveva accadere è già avvenuto. Ci esortano a risvegliarci, mentre le generazioni precedenti dormono profondamente sulle rovine di discorsi mai realizzati e progetti rimasti solo sogni irrealizzabili. La realtà attuale non conserva nulla di quei dilemmi irrisolti, e dobbiamo rassegnarci a questa realtà. Nel corso del tempo, ciò che avevamo suscitato invidia è stato scippato da individui senza scrupoli. Dove finiranno mai i nostri soldi investiti in opere pubbliche? Riusciranno mai a dare un alloggio alla nostra anima? Il mondo stesso è il suo utilizzatore, e le entità, siano esse pubbliche o private, sono solo veicoli del suo indirizzo. In mezzo a cause legali indefinite, le persone si ritrovano con occhi che non possono vedere. Lo scopo si è offuscato, e la voce si è persa tra milioni d'altre voci. Tuttavia, restiamo in attesa. Problemi, caos, dubbi di stato rendono la comunicazione incomprensibile, nascondendo la vera realtà. Il passato ci può rivelare la chiave delle soluzioni, ma un'invenzione rimane ben distante da una pratica corrotta o da un software dannoso. Una crepa nella memoria temporale potrebbe persino causare una perdita di equilibrio. Alcuni dicono che è giunto il momento di svegliarci, mentre gli altri vedono individui o persino le generazioni più anziane che dormono profondamente sui discorsi o i progetti mai realizzati. Forse, la realtà doveva essere il loro sogno.

La vita di oggi è vuota e senza scopo, e questo dilemma rimane irrisolto. Hanno già rubato tutto da noi in un atto di invidia, e i nostri soldi spesi per l'interesse pubblico sembrano essere scomparsi. Il mondo è l'utilizzatore di sé stesso, che siano enti pubblici o privati, mentre le cause giudiziarie rimangono oscure. La realtà legale è sfuggente, e gli occhi delle persone sono accecati. La vera direzione è oscurata, nascosta dalla luce di molte altre strade, ma rimaniamo in attesa. Problemi, caos e questioni di Stato rendono difficile la percezione della realtà. Non sappiamo cosa abbiamo fatto e cosa dovremmo possedere. La paura dell'inconscio supera le parole e gli eventi stessi. Il fascismo, paradossalmente, rappresenta una forma di sicurezza, l'unica fonte da cui non sorgono problemi, l'unico faro a guidarci attraverso situazioni insormontabili. Mi sembra che questa soluzione non sia in sintonia con la nostra casa. Presta attenzione a chi parla, poiché ciò che ci viene presentato diventa ciò che rimane. Non hanno mai compreso e mai comprenderanno, essendo contrari agli occhi delle persone che non ci credono. Tuttavia, non dovresti dire nulla, e nessuno ti farà del male. Se lo desideri, potresti persino scomparire.

Non è giunta solo la fine del mondo, ma sembra che anche l'ultima soluzione se ne sia andata, lasciandoci solo con metodi brutali e senza orecchie pronte ad ascoltare la verità. Ci hanno sottratto tutto, mentre le persone cercano di trovare un significato in discorsi o progetti mai realizzati, sperando di realizzare una realtà propria, che rimane un sogno.

La vita di oggi non lascia nulla dietro di sé, e il dilemma non trova soluzione, costringendoci ad accettare questa realtà. Gli invidiosi ci hanno già rubato tutto, e dove finiranno i nostri soldi spesi in progetti pubblici? Potremo mai trovare un rifugio per la nostra anima? Il mondo stesso è il suo utilizzatore, che siano enti pubblici o privati. Siamo affrontati da cause legali oscure, e gli occhi non vedono chiaramente. Il vero scopo è offuscato, e la voce si perde tra milioni d'altre.

Rimettiamo tutto in attesa. Problemi, caos, dubbi di Stato oscurano l'espressione nel comune denominatore, e la realtà sfugge alla vista. Non sappiamo cosa abbiamo fatto, e non abbiamo costruito noi stessi ciò che rimane. La paura dell'inconscio è più forte delle parole e degli eventi. Il fascismo è la fonte di sicurezza, la sola via quando si affrontano problemi enormi e insormontabili. Sembrerebbe che questa domanda non abbia una risposta a casa. Presta attenzione a chi parla, poiché ciò che ci viene presentato diventa ciò che rimane. Non hanno mai capito e non capiranno mai, essendo contrari agli occhi di coloro che non ci credono. Non devi dire nulla, ma, se vuoi, potresti scomparire.

Non è venuta solo la fine del mondo, ma sembra che anche l'ultima soluzione ci abbia abbandonato. Siamo rimasti solo con metodi brutali, senza orecchie per ascoltare la verità. Ci hanno sottratto tutto, mentre le persone cercano di trovare un significato in discorsi o progetti mai realizzati, sperando di realizzare una realtà propria, che rimane un sogno.

La vita di oggi non lascia nulla dietro di sé, e il dilemma non trova soluzione, costringendoci ad accettare questa realtà. Gli invidiosi ci hanno già rubato tutto, e dove finiranno i nostri soldi spesi in progetti pubblici? Potremo mai trovare un rifugio per la nostra anima? Il mondo stesso è il suo utilizzatore, che siano enti pubblici o privati. Siamo affrontati da cause legali oscure, e gli occhi non vedono chiaramente. Il vero scopo è offuscato, e la voce si perde tra milioni d'altre. Rimettiamo tutto in attesa. Problemi, caos, dubbi di Stato oscurano l'espressione nel comune denominatore, e la realtà sfugge alla vista. Non sappiamo cosa abbiamo fatto, e non abbiamo costruito noi stessi ciò che rimane. La paura dell'inconscio è più forte delle parole e degli eventi. Il fascismo è la fonte di sicurezza, la sola via quando si affrontano problemi enormi e insormontabili. Sembrerebbe che questa domanda non abbia una risposta a casa. Presta attenzione a chi parla, poiché ciò che ci viene presentato diventa ciò che rimane. Non hanno mai capito e non capiranno mai, essendo contrari agli occhi di coloro che non ci credono. Non devi dire nulla, ma, se vuoi, potresti scomparire.

Non è venuta solo la fine del mondo, ma sembra che anche l'ultima soluzione ci abbia abbandonato. Siamo rimasti solo con metodi brutali, senza orecchie per ascoltare la verità. Ci hanno sottratto tutto, mentre le persone cercano di trovare un significato in discorsi o progetti mai realizzati, sperando di realizzare una realtà propria, che rimane un sogno.

10. Sogni Intrecciati alla Realtà

Il bene si cela nell'arrivo, forse nell'assenza di impegni, in quel momento in cui tutto è già stato costruito, e noi cammineremo senza fatica verso il nostro destino. Il domani è solo un'illusione, ma almeno saremo presenti. Dormire è una dolce arte, mentre l'anno scorre, carico di scommesse, perdite, e il perpetuo scorrere del tempo ci fa sperare in un futuro migliore. Il peggio, supponiamo, sia alle spalle dietro di noi, ma spesso sottovalutiamo la complessità della realtà. Le parole stesse si tingono di drammaticità in queste tragedie quotidiane, e ci sforziamo di superare il bene che sembra sempre sfuggirci come una scala instabile, piuttosto che un diritto garantito. Perché mai l'universo sembra così insensibile alle nostre ansie e alla nostra sofferenza?

In un futuro prossimo, ci sentirà migliori, e questo non è una forma di discriminazione, bensì una manifestazione della nostra fede nel potenziale umano. Il tradimento non dovrebbe avere spazio nella nostra vita, poiché chi lo medita si condanna da sé. La vita non è confinata in un luogo specifico, ma si manifesta ovunque il passo ci porti. La nostra identità è intessuta con il ritorno delle cose e delle idee, creando una trama più ampia che la storia stessa ci svela. Nonostante tutto, il caffè che bevi al mattino non può raccontarti cosa riserva il futuro, perché, in realtà, il futuro è ancora da scrivere.

I pensieri non conoscono sosta, non possono essere azzerati come un programma dannoso. La vita moderna, con la sua varietà, richiede decisioni continue: cosa definisce meglio ciò che vogliamo? Il bisogno di agire e la necessità di valutare ciò che è buono nella vita non sono casualità, ma riflessi di oggettività nascoste dietro l'apparenza. L'arte è sfruttare la giusta modalità, e persino le dipendenze sembrano predestinate. Un bene non nasce dall'arbitrarietà ma dal rispetto di precise regole, e il nostro percorso si basa sulla luce che gli occhi avvertono già da diversi minuti, mentre l'oscurità rappresenta solo un'incombenza.

I discorsi del passato ci insegnano molto, ma mai quanto la nostra volontà di agire. Il fascino del passato è un sogno, un'illusione di significato in discorsi e progetti mai realizzati, un mondo che forse dovrebbe rimanere un'utopia. La vita di oggi è incombente e senza soluzione, mentre il male invidia ciò che possediamo, rubandoci ogni valore e riducendo i nostri sforzi a un punto d'interrogazione. Dove saranno mai finiti i nostri soldi spesi in opere pubbliche? Troveremo mai un rifugio per l'anima? Siamo gli utilizzatori del mondo, sia che si tratti di istituzioni pubbliche o di enti privati, ma le cause legali rimangono avvolte nell'oscurità. La vera direzione si confonde e la voce si perde tra le altre. Rimane solo l'attesa.

I problemi, il caos e i dilemmi di stato offuscano la comprensione della realtà. Non sappiamo cosa abbiamo creato e cosa ci resta da costruire. La paura dell'ignoto è più potente delle parole e degli eventi stessi. Il fascismo si erge come una fonte di sicurezza in un mondo che sembra afflitto da sfide insormontabili. Ma questa soluzione potrebbe non essere la risposta giusta per la nostra casa. Dovremmo prestare attenzione a chi parla, poiché ciò che ci viene presentato può diventare la nostra realtà. Coloro che non ci comprendono, forse, non hanno mai cercato di farlo e forse non lo faranno mai. La verità spesso rimane nascosta dietro la cortina di parole, ma in molti casi è più sicuro non dire nulla.

Non è solo la fine del mondo che ci minaccia, ma sembra anche che la nostra ultima soluzione ci abbia abbandonato, lasciandoci con mezzi brutali e nessun udito per ascoltare la verità. Il male ci ha privato di tutto, mentre cerchiamo di dare un senso a discorsi e progetti mai realizzati, sperando che possano ancora divenire una realtà. La vita di oggi è un enigma senza soluzione, e dobbiamo accettare questa realtà. Gli invidiosi ci hanno derubato, e i nostri soldi investiti in opere pubbliche sono svaniti. Il mondo stesso è il suo padrone, che si presenti come ente pubblico o privato. Siamo circondati da cause legali oscure, mentre i nostri occhi non riescono a vedere chiaramente. L'obiettivo reale è oscurato, e la voce si perde tra molte altre. Pertanto, rimaniamo in attesa.

I problemi, il caos e i dilemmi di stato oscurano la visione, rendendo difficile la comprensione della realtà. Non sappiamo cosa abbiamo creato e cosa rimarrà, e la paura dell'ignoto supera le parole e gli eventi. Il fascismo sembra rappresentare un'ancora di salvezza in un mondo afflitto da sfide apparentemente insuperabili. Ma questa soluzione potrebbe non essere adeguata alla nostra situazione. Dovremmo fare attenzione a chi parla, poiché ciò che ci viene presentato può diventare la nostra realtà. Coloro che non ci comprendono forse non hanno mai cercato di farlo, e forse non lo faranno mai. Non è necessario dire nulla, ma se lo desideri, potresti persino scomparire.

Non è solo la fine del mondo che si fa avanti, ma sembra anche che l'ultima soluzione si sia dileguata, lasciandoci solo con mezzi brutali e nessun udito per percepire la verità. Il male ci ha privato di tutto, mentre le persone cercano di dare un senso a discorsi e progetti mai realizzati, nutrendo la speranza di trasformarli in realtà.

11. Sull'Orlo dell'Ignoto

Nel crepuscolo della vita, ci si trova a concludere; hai forse un altro argomento da discutere questa sera? La vera necessità emerge quando abbiamo già saziato il nostro corpo; ognuno ha i suoi gradi e stati designati... senza intoppi, dove la realtà è condivisa da molti. Quella parete mancante appartiene solo a chi non completa la frase. Sarebbe necessaria un'aritmetica per individuare le chiavi di casa, riconoscere persone e oggetti per strada anche domani. Un errore potrebbe costarti la vita; cosa potrebbe essere peggiore? L'inferno non è nostro; da millenni lavoriamo per evitarlo; è necessario guardare le cose dall'esterno, contemplare quante realtà si estendono oltre a ciò che è da evitare. Alla fine, non fuggire; lasciati catturare fin da giovane, poiché tutto è già concluso da tempo, se lo sai o meno.

Le virtù taciute, o meglio, non ripetute né pregate... Tutto è giunto al termine, ma ascoltando il male, diventi una persona distorta! Alcune verità non sono mai cancellate; il futuro, ad esempio, è irraggiungibile se siamo imprigionati, dopo di ciò non esiste futuro. Stati di detenzione, esseri malvagi: cose che non si pronunciano, cose che non si compiono. Tutto è compiuto, come diceva Gesù, ma il giorno successivo a ciò è ancora vietato in Italia; il resto rimarrà invariato. Siamo ancora proibiti, chiunque pensasse di governare in pace, in armonia, in questo giorno di fine guerra, afferma che nessuno ha vinto, ma non si giocherà un'altra partita.

Le parole talvolta svaniscono; ciò che si riesce a esprimere diventa davvero poco, a meno che non si distinguano le incertezze comuni dai problemi. Le domande sul bene preoccupano tutti, mentre i problemi dello Stato si manifestano in noi come bene, anche se oggi non lo comprendiamo, domani non sarà più... C'è sempre una sorta di porta più ampia su cui bussare; potrebbe richiedere un po' di esperienza, ma ci sono varie vie per assaporare la vita. Puoi osservarla attraverso un finestrino, inaccessibile agli altri o già consumata dalla tua comprensione di ciò che è tutto.

Le storie distorte da correggere plasmano il nostro avvenire, e quando ci si sente abbandonati, lo si percepirà; anche qui nessuno ha agito, si divertono senza risolvere. Forse il guaio era più grande del previsto; non potevano saperlo, dato il loro arbitrio di "io sono tutto" o altre cose che hanno già eliminato dal bene... È meglio riposare in una situazione di agio; hanno accettato il male, mentre alcuni mantengono gli altri che non l'hanno fatto. La società si mantiene avanzando troppo; le cose brutte persistono, ma è necessario potare insieme tutto durante il periodo. Dove il vuoto predomina, non si vuole guardare; stiamo dirigendoci verso un mondo più felice, privo di persone o entità inaccettabili, come la disfunzione creata e altre narrazioni per chi non vive o non permette di vivere, quando ancora bisogna superare quella fantasia. Ma noi saremo solo energia creativa, la luce della corrente elettrica; ci sono realtà che non ammettono discussioni, e con esse devi interagire frequentemente.

Le persone non superano sé stesse, e le azioni volgari sono più brutte di quanto si affermi. Non era un periodo di scherzi o di bolgia per chi l'aveva vissuto. Ci sono leggi insuperabili; poi la colpa risiedeva nell'essere umano o nel credere di essere stato categorizzato, o nel pensare di vivere in una prigione... Le fobie stesse sono già una prigione, ma chi è fuggito non lo sa; chi non ha il desiderio di risorgere.

I problemi degli altri non sono affari nostri, tutto è risolto, e non sanno a chi o dove rivolgersi. Problemi e soluzioni sono affari di chi li affronta; si rimanda ancora quel discorso che doveva essere fatto, pensando che qualcun altro lo avrebbe fatto. Siamo tutti malati, ma la colpa non è di nessuno. Forme di follia pura da superare; meglio non menzionare le altre. Il Sole ci riscalderà, e poi si percepirà la bellezza. Non dire mai ciò che non volevi dire; la colpa è tua.

12. Il Fuoco dell'Isolamento e dell'Essenza

Il silenzio, virtù dei saggi, un passo fermo e misurato. Attraversare il limen, il confine tra ciò che è finito e ciò che è ancora ignoto, non è un'impresa da prendere alla leggera. Non si può proclamare la fine, ma piuttosto, l'inizio di un enigma da risolvere, un quesito che attende pazientemente una soluzione mentre l'eternità fluttua nell'abisso del vuoto.

Ci sono chiari divieti nel regno del mistero, porte invalicabili. Il linguaggio si piega alla legge e, con saggezza, evita di sciogliere i nodi che legano il passato al presente e al futuro. Una parte rimane nell'oscurità, mentre il resto è alla nostra portata di vista, attendendo di essere illuminato.

I cicli delle estati, fedeli alle anime pure e oneste, portano con sé il cambiamento. Il tempo, sovrano della vita, plasmerà il nostro destino. Spazi sconosciuti possono rivelare realtà sorprendenti, restando nascosti dietro il velo dell'incomprensione.

Una forza economica impiegata come conquista è come un furto di proporzioni epiche. La ricchezza accumulata è solo un bottino per il potere, che perpetua i mali senza rivelare la vera natura del male. La cattedrale dell'ignoranza non ha pendii che siano i suoi propri, e così l'umanità si dibatte nell'ombra di un destino incerto.

La calma delle menti chiare e delle anime gentili è una difesa contro le tempeste delle forze oscure. Non c'è pace in questo mondo, solo una serie di problemi che attendono risposta. Il male si cela dietro le porte sbarrate dell'indifferenza e del disinteresse, alimentando le leggende di un futuro incerto.

Il bene è una costante inespugnabile, un faro che brilla nella notte. Ma non tutti riescono a vederlo attraverso la nebbia che avvolge la verità. La società offre soluzioni celate, e la strada verso la luce è ostacolata da barriere invisibili. La conoscenza è il nostro alleato, e dobbiamo continuare a cercare anche quando il mondo sembra resistere al nostro sforzo.

Il passato non può essere dimenticato; è parte integrante della nostra esperienza umana. Tuttavia, il futuro è aperto a infinite possibilità, e dobbiamo cercare la chiave che ci permette di accedervi. La musica dell'esistenza suona in sottofondo, e dobbiamo ascoltarla attentamente per comprendere il significato nascosto nelle note.

La normalità è un'illusione, eppure cerchiamo di adattarci a essa. I ratti del potere cercano di appropriarsi di tutto ciò che è sacro, mentre l'umanità oscilla tra la disperazione e la speranza. La lotta tra il bene e il male continua, ma dobbiamo rimanere forti e perseveranti.

In questa epoca di incertezza, dobbiamo cercare la verità nascosta dietro le facciate di bugie e illusioni. La conoscenza è la nostra arma, e dobbiamo usarla per svelare i segreti del mondo. Nonostante le sfide che ci attendono, dobbiamo rimanere determinati a cercare la luce, anche quando sembra lontana.

Ricorda sempre che il passato e il futuro sono entrambi parte del nostro viaggio, e ogni passo che facciamo ci avvicina a una comprensione più profonda dell'universo. Che tu sia giovane o anziano, la vita è un'opportunità da abbracciare con gioia e speranza. Che tu abbia cinque o cinquant'anni, il tempo è il nostro alleato, non il nostro nemico.

La vita è una danza eterna tra il male e il bene, tra la saggezza e l'ignoranza. Non possiamo chiudere gli occhi di fronte alle sfide che ci attendono. Dobbiamo affrontarle con coraggio e determinazione, cercando sempre la verità nascosta dietro le apparenze. Solo allora potremo sperare di scoprire il significato nascosto della nostra esistenza e trovare la pace nella ricerca stessa.

13. La Melodia delle Parole

In quel caldo agosto del 2000, sembrò che tutto funzionasse in modo più armonioso dopo una lunga installazione. Il mio nuovo notebook si rivelò affascinante, tanto quanto ci si aspettava. Sembrava destinato a durare a lungo, e ho persino cominciato a contemplare l'idea di acquistare una custodia in pelle per proteggerlo e preservarlo. Tuttavia, rimasi con una sana dose di scetticismo e decisi di attendere alcuni giorni per verificarne l'affidabilità. Ancora oggi, fatico a credere che questo oggetto funzioni senza intoppi. Un oggetto così prezioso dovrebbe essere in grado di svolgere la sua funzione con una singola installazione. Ho scelto il colore nero per distinguerlo dai suoi predecessori.

Ho già preparato un DVD per eventuali reinstallazioni future. Inoltre, ho pianificato di andare al bancomat per rimborsare mio padre per questo acquisto. La seconda installazione sembra andare alla grande, e tutto funziona in modo impeccabile: le applicazioni, la connessione a Internet e persino il Bluetooth.

Domani, finalmente, questo strumento tecnologico diventerà ciò che è destinato ad essere. Mi ha portato a riflettere sull'idea di viaggiare, un desiderio che sembrava assente in passato. Invece di cercare luoghi lontani, a volte è meglio esplorare ciò che abbiamo già vicino, per evitare di cadere nell'abitudine. In questa vita, cambiamo ogni giorno, anche se sembra che la partita sia già stata giocata da tempo. È superfluo chiedersi dell'esistenza di uno Stato in cui non esiste o che non è più. Chi ha commesso un errore in una posizione geografica in cui non ci troviamo, e in un luogo in cui non siamo mai giunti, sparisce nel terreno, radicato solo a metà tra il cielo e la terra. La realtà, l'errore, i luoghi mai visitati, gli eventi straordinari, le amnesie, tutte queste sfumano in una nube di incertezza. Chi ancora crede nella correttezza del governo è destinato a rimanere deluso, poiché la realtà è ben diversa da ciò che sembra.

In ogni caso, in questa realtà, tutto assume un'importanza estrema, il peso delle cose è gravato da un'obbligazione spesso sottovalutata. Alcuni credono di non essere riusciti a concludere un affare che, in realtà, non è mai stato del tutto loro. Domani partirò per una vacanza alla ricerca di pace e serenità, alla ricerca di pesci e di mare.

Ora sono in vacanza, ed è domenica, le 7:02 del mattino. Esiste un costante mistero intorno all'esistenza e alle opportunità, come se tutto potesse essere stato diversamente. Spiegare o cercare di spiegare potrebbe rivelarsi una perdita di tempo, poiché la verità deve essere compresa da ciascuno da solo, anche se nessuno è mai veramente solo. Il male, le difficoltà, spesso sfuggono alla percezione di molti, mentre coloro che detengono il potere suggeriscono che dobbiamo continuare nella nostra strada, piena di persone importanti che si croceranno lungo il cammino. Spiegare sembra inutile, eppure deve esserci un motivo per gli incontri casuali che si verificano durante un viaggio in autobus. Molti sembrano disorientati, non riescono a percepire la realtà, o non sanno quando questa si manifesta. Le forze che guidano la politica e l'economia sembrano essere basate su quantità invisibili che sfuggono alla comprensione della maggior parte delle persone.

L'assenza di chi siamo e l'inesistenza sono realtà condivise da tutti, ma spesso, nel passato, in luoghi e momenti che molte persone dimenticano, ci si chiede se quello che manca sia reale. La verità è che nessuno lo saprà mai. Chi crede che il male persista nei giorni nostri non comprende che esiste solo il male e la noia, e che ci si perde in questo vuoto senza speranza. Coloro che continuano a credere che il governo agisca in modo integro sono destinati a delusioni ricorrenti, senza colpa e senza ragione. In questo mondo, ogni cosa è vista come grave, anche se pochi si rendono davvero conto del loro debito nei confronti dell'esistenza stessa. C'è chi crede di non essere stato in grado di concludere un affare che, in parte, non gli apparteneva nemmeno.

Domani, mi immergerò completamente nelle mie vacanze, cercando pace e serenità, e magari qualche incontro con pesci e mare.

E così, sono in vacanza, e la giornata si presenta come un enigma da svelare. L'esistenza sembra un susseguirsi di inversioni e invenzioni che plasmano ciò che siamo oggi. Spiegare è spesso inutile, e la verità deve emergere da sola, sebbene non siamo mai veramente soli. La cecità di fronte al male e al peggio è comune, mentre i più grandi cercano di convincerci a continuare lungo una strada che sembra già tracciata, popolata da persone che percorreranno le loro stesse strade. Forse è necessario spiegare il destino di coloro che si incontrano in autobus; sembra che non riescano a comprendere la realtà o a riconoscerla quando la vedono. I destini di intere nazioni sembrano essere guidati da cifre invisibili che sfuggono alla comprensione della maggior parte. Non possiamo vedere il male che ci circonda, ma può colpirci quando meno ce lo aspettiamo. L'incredulità è spesso il risultato delle ingiustizie perpetrate senza motivo. In ogni caso, il mondo sembra pesante, nonostante pochi riconoscano il debito nei confronti dell'esistenza stessa.

Il passato e il futuro si fondono, creando una realtà fluida in cui tutto è possibile e nulla è certo. In questo mondo, nulla è garantito, e chi crede che la politica e l'economia siano basate su principi razionali è destinato a essere deluso. Non c'è chiarezza, solo un costante fluire tra l'essere e il non essere. In questo eterno presente, cerchiamo il significato nelle coincidenze casuali, nei volti che incontriamo, nelle strade che percorriamo. La realtà è un enigma che si svela lentamente, se siamo disposti ad aprirci a essa.

14. Volti Nascosti dell'Animo

In quel silente settembre del 2000, il mistero dell'umanità e delle sue scelte iniziò a tessere la trama del destino. I dubbi e le incertezze sembravano essere negati da una realtà distorta, dove persino l'accento sbagliato o una piega malriuscita erano visti come segni di sconfitta. Avevamo già perso, e ci trovavamo appena al quarto giorno del mese. Le cause di questa sconfitta potevano essere attribuite all'aria che respiravamo o alle nostre leggerezze, all'ignoranza che ci pervadeva, o al peso degli altri individui che ci circondavano. Ladri e assassini, o forse la semplice pesantezza del giorno e delle incombenze che ci aspettavano.

Ogni oggetto sembrava essere introdotto in una realtà diversa, e le regole del gioco erano in costante evoluzione. Alla ricerca di una matita smarrita e di nuove scoperte, ci ritrovavamo a rimettere in discussione le regole stesse, la struttura delle cose, le case che ci circondavano. Ma, si diceva, una volta giunto ottobre, tutto avrebbe ripreso una sua regolarità, lasciando spazio solo alla paura. L'impotenza ci dominava, e ci chiedevamo fino a che punto fossimo destinati a vivere in un habitat morto.

Nel mezzo di questa confusione, emergeva una domanda persistente: chi eravamo? E chi era il "noi" in questo contesto? Era forse l'individuo o l'intera società in continua evoluzione a guidare la nostra esistenza? Le leggi, con le loro regole inappellabili, sembravano plasmare la ripetizione delle stesse storie quotidiane, mentre gli anni passati si accumulavano su di noi, creando un presente carico di problemi. Tutto sembrava convergere in un presente che conteneva più di quanto avremmo voluto, come se dovessimo concentrarci non solo su ciò che era di fronte a noi, ma anche verso il centro di noi stessi.

L'ignoranza, nemica dell'espansione psico-fisica, sembrava essere un ostacolo insormontabile. Il confronto con il male non poteva avere una soluzione definitiva; era una lotta continua, un processo di denuncia, un'incarcerazione che si manifestava come il principale sogno o incubo di un giorno d'ottobre qualunque. Il vuoto ci circondava, i vuoti interiori e esterni. La battaglia per sconfiggere l'ignoranza era una missione cruciale. Crescere e migliorarsi era il nostro dovere. Fidarsi era essenziale.

In un mondo governato da regole apparentemente incomprensibili, il futuro sembrava contenere la chiave per risolvere i problemi, inclusi quelli con il fascismo. Era un mondo in costante mutamento, in cui le cose non stavano mai esattamente come sembravano. La realtà, spesso mascherata da finzioni, richiedeva una mente aperta e un'attitudine positiva per essere compresa.

Le costruzioni della vita quotidiana, le cose inutili, le copie di copie, le immagini false e le idolatrie, tutto sembrava essere parte di una trama più ampia. Le regole contro le regole, il rimanere fermi mentre il mondo evolveva, sembrava portare a una sorta di negazione di sé stessi. Ma la realtà era un insieme complesso di idee che plasmavano la nostra esistenza e che, pur sembrando un labirinto, alla fine rendevano visibile la luce. Restare uguali a sé stessi, nel profondo e ovunque ci si trovasse, era il nostro obiettivo.

Molte erano le facce, i volti, le maschere che popolavano il nostro mondo, ognuna rappresentante un ruolo ben definito in questo gioco della vita. Ma, paradossalmente, spesso le persone non si permettevano di comunicare nemmeno nei rapporti più stretti, mantenendo il silenzio su ciò che era importante o necessario dire. La paura del giudizio altrui o della vergogna sembrava essere una barriera invalicabile.

L'aria era tagliente, come un rasoio che taglia l'incertezza. Il successo, forse una sorta di Dio moderno, indicava il percorso da seguire, e le parole brutte erano da evitare a tutti i costi. Ma da che parte iniziare? Come si accende un fiammifero in questa realtà complessa?

La clessidra del tempo scorreva incessante, portando con sé discorsi non pronunciati, segreti non condivisi, delusioni taciute. Era un mondo dove il passato e il futuro si intrecciavano, e le esperienze passate ci influenzavano nel presente. La storia di ognuno di noi era una costruzione complessa, una rete di idee e azioni che rendevano tangibile la luce della verità.

Non esisteva solo un'unica verità, ma molteplici realtà. L'arte stessa era un veicolo per esplorare queste realtà alternative, spesso nascoste dietro la facciata della normalità. Il futuro, con le sue possibilità, sembrava essere la chiave per risolvere i problemi, anche quelli legati al fascismo.

Il nostro percorso era un cammino incerto, in cui le incertezze si dissolvano e le differenze tra le persone si facevano meno rilevanti. Eravamo chiamati a sconfiggere l'ignoranza, a sfidare la nostra indifferenza, a creare il nostro futuro. Ogni giorno, ogni esperienza, ci portava avanti in questa strada della conoscenza e della crescita.

Il mondo era in costante mutamento, e il progresso non poteva essere fermato. Le idee, come l'aria, fluiscono liberamente, e la luce della verità è sempre presente, anche se a volte nascosta. L'importante

era rimanere aperti all'apprendimento, per vedere un mondo che cresce e si trasforma. Un mondo che, nonostante le sfide, era in continua evoluzione, pronto a rivelare le sue profonde verità agli occhi disposti a vederle. E così, tra le ombre del tempo, proseguivamo il nostro viaggio verso un futuro incerto, ma pieno di promesse.

15. Tracce nel Buio: Un Percorso Interiore

È una sconvolgente crisi d'identità, che abbraccia l'animo e la coscienza. In questo lontano 30 settembre del 2000, la mia teoria si trasforma in una dichiarazione aperta, spontanea, chiara sulle realtà oggettive che ci circondano. È domenica mattina, cinque ottobre duemila otto. Mi trovo in un albergo nel cuore di Roma, nella via Aurelia antica. Sembrerebbe essere ora di iniziare la giornata, mentre fuori dalla finestra si ergono i palazzi, custodi di memorie di un passato che è ormai un ricordo, di una civiltà che ha plasmato il mondo con il suo lavoro.

Quando tornerò a parlarti, discuterò delle persone che si sono smarrite in un labirinto senza ritorno, spiegherò cosa intendo quando affermo che non possiamo voltarci indietro. Esploreremo insieme i molteplici pericoli che affrontiamo e come non dovremmo mai giocare con ciò o coloro che rimangono avvolti nell'oscurità dell'ignoto.

La superficie apparente cela la profondità, ma non voglio offesa alcuna, bensì una ricerca interiore. Noi, insieme a coloro che si perdono nell'oblio, dobbiamo affrontare il male che cresce in modo insidioso. È una manifestazione di maltrattamento profondo, che si radica nei recessi dell'animo. Tuttavia, quando non rimane più nulla, non possiamo sapere con certezza qual è il fondo. Possiamo solo sperare di non giungere a una soluzione crudele. Il passato è irrecuperabile, e non è affatto vero che non possiamo fare nulla di significativo. Molte sfide ci attendono.

Ricordami, augurami una giornata produttiva e un ritorno sereno. Molto resta da fare. La notte sembra inghiottirci, ma c'è tanto lavoro da affrontare. Il titolo potrebbe ingannare, facendo sembrare la notte il suo opposto. Dopo tutto, ho ancora un lungo cammino davanti a me, il quale non conosci, poiché non sei qui con me. La realtà potrebbe apparire distorta, ma rimaniamo noi, e anche se potrebbe sembrare insignificante, siamo tutto ciò che possiamo immaginare.

Forse ti starai chiedendo cosa potevamo dire su ciò che nessuno aveva mai compreso. Parliamo, agiamo, ma la normalità spiega tutto a coloro che seguiranno le nostre orme. Ciò che doveva essere si trasforma in ciò che è, e se non sappiamo cosa fare, il futuro stesso ci fornirà le risposte. Ci sono "problemi" per i quali non possiamo fare nulla, e cosa si nasconde dietro un mattone se non la libertà?

Fai attenzione a non precipitare nell'abisso senza una guida. All'esterno, sembrano solo immagini di un ritorno a casa, un ricordo popolato da individui che ti invitano ad espandere la tua mente e a scoprire nuovi luoghi, nuove possibilità che formeranno il tuo essere. Può sembrare che ci impongano dei bavagli per mantenerci nell'oscurità in questa nazione, ma non possiamo permettere che il nostro passato influenzi negativamente il nostro futuro. Sembra che l'ignoranza sia un ostacolo insormontabile, ma sfidare questa oscurità è un dovere.

In un mondo governato da regole enigmatiche, il futuro detiene la chiave per risolvere i problemi, compresi quelli legati al fascismo. Il mondo è in costante mutamento, e il progresso è inarrestabile. Le idee fluiscono come l'aria stessa, e la luce della verità è sempre presente, anche se talvolta nascosta. La nostra missione è rimanere aperti all'apprendimento, in modo da cogliere un mondo che si evolve costantemente. Un mondo che, nonostante le sfide, continua a rivelare le sue profonde verità a coloro che sono disposti a cercarle tra le ombre del tempo.

Molte sono le maschere che indossiamo nella nostra esistenza, ciascuna rappresentante un ruolo ben definito in questo intricato gioco della vita. Tuttavia, spesso ci asteniamo dal comunicare nei rapporti più intimi, trattenendo parole importanti o necessarie. La paura del giudizio o della vergogna sembra agire come un muro invalicabile.

L'aria stessa sembra tagliente, come una lama che taglia attraverso il velo dell'incertezza. Il successo, spesso visto come un dio moderno, indica il percorso da seguire, mentre parole brutte sono da evitare a ogni costo. Ma da quale parte cominciare? Come si accende una fiamma in questa realtà complessa?

La clessidra del tempo scorre incessantemente, portando con sé parole non dette, segreti non condivisi, delusioni soffocate. Il passato e il futuro si intrecciano, e le esperienze passate plasmano il presente. La storia di ognuno di noi è una costruzione complessa, un intreccio di idee e azioni che rendono tangibile la luce della verità.

Non esiste una sola verità, ma molteplici realtà. L'arte stessa è un veicolo per esplorare queste realtà nascoste dietro la maschera della normalità. Il futuro, con le sue possibilità, sembra contenere la chiave per risolvere i problemi, anche quelli legati al fascismo.

Il nostro percorso è un cammino incerto, in cui le incertezze si dissolvono e le differenze tra le persone si fanno meno rilevanti. Siamo chiamati a sconfiggere l'ignoranza, a sfidare la nostra indifferenza, a costruire il nostro futuro. Ogni giorno, ogni esperienza, ci fa progredire in questa strada verso la conoscenza e la crescita.

Il mondo è in costante mutamento, e il progresso non può essere arrestato. Le idee sono come stelle in una notte scura, illuminate dalla luce della verità. È nostro compito restare aperti all'apprendimento, perché solo così potremo vedere un mondo che cresce e si trasforma. Un mondo che, nonostante le sfide, è in continua evoluzione, pronto a rivelare le sue profonde verità agli occhi disposti a vederle. E così, tra le ombre del tempo, proseguivamo il nostro viaggio verso un futuro incerto, ma pieno di promesse.

Continua a danzare nell'oscurità della notte, tra le stelle e i segreti celati. Il passato e il futuro si intrecciano in questa intricata coreografia dell'esistenza, e noi siamo i danzatori che seguono il ritmo inesorabile del tempo. Siamo pronti a sfidare le convenzioni e a svelare i misteri che si nascondono dietro le maschere che indossiamo.

La conoscenza, l'arte, la filosofia e la scienza sono le nostre guide in questa danza della vita. Attraverso la ricerca e l'esplorazione, cerchiamo di svelare i segreti più profondi dell'universo. Il nostro cammino è punteggiato di sfide e di scoperte, di dubbi e di certezze. Siamo alla ricerca della verità, ma spesso ciò che troviamo è un enigma che ci spinge a scavare ancora più a fondo.

L'ignoranza è il nostro principale nemico in questa ricerca incessante. La paura di essere giudicati o derisi ci trattiene, ma dobbiamo affrontare le nostre paure e superarle. Solo allora potremo giungere a una comprensione più profonda di noi stessi e del mondo che ci circonda.

Il fascismo è una minaccia costante, una forza oscura che cerca di soffocare la luce della verità. Dobbiamo opporci a questa forza, combattere per la libertà e la giustizia. Il nostro impegno è quello di costruire un futuro migliore, in cui la conoscenza e la compassione possano trionfare sulla paura e sull'ignoranza.

16. Doppia Libertà: Scelte e Destini Intrecciati

Ascolta ancora, esiste un bene mentre un altro sta per fare un altro giro, un'altra giornata che, forse, non risolverà i misteri della vita. Resterai atterrito. Non esisteva una strada migliore, ma parti perché questo è ciò che siamo. Questo non era un errore, ma una forma di auto-scoperta. Cosa puoi farci? Siamo prodotti di una società in cui, tra le altre cose, il male coabita. La sua meta sembra essere l'inferno, ma ciò che non sappiamo non può essere spiegato. Sembra facile, ma l'inverno e l'inverso arrivano, e serve togliere il tappo che impedisce di vedere di più. Anche oggi mentre ti sposti da un luogo all'altro.

Oh, libertà doppia, occidente in una sola parola. A far parlare gli altri ci trovi, ma cosa non avresti dovuto fare? Com'è passata la serata di ieri? Certamente, puoi vedere l'oriente e pensare di essere in Italia. Stato o morte, quali differenze negli affari, perdizioni o reati. Qui ancora si discute su chi va e chi non va. Una ripetizione di cosa avremmo sbagliato, nessuno sembra voler fare niente. Esiste un male che funge quasi da specialità in questo dissolversi dell'essere, così nessuno arriva anche dove è già stato. Ma indipendentemente da dove ti dirigi, la legge è lì. Affidati a essa, non tradisce, e non ti perderai mai. Ciò che è scritto rimane chiaro e non mente. Le persone sono o non sono. Viviamo sempre un po' più in basso di quanto siamo, ed è colpa nostra. L'ermeticità è la caratteristica del nostro tempo. Da chi ci sarà chiamato oggi?

Sembrerebbe che siamo in negazione di ciò di cui parlavamo, cercando di trovare una forma sbagliata e accettando l'imprecisione. Ma poi continuiamo a cercare un senso in tutto ciò che facciamo, perché sappiamo che ci sono piani superiori che guidano la nostra vita, anche se la loro durata non è sempre evidente. Dobbiamo sapere dove stiamo andando, cosa faremo quando ci sposteremo. Non è un'affronto, né una brutta cosa. Le ingiurie devono essere sempre cercate tra le pieghe del male, e solo così riuscirai a trovare la verità. Cosa rimarrà alla fine? Chi può dirtelo? Lo spirito è carne. Un software, per esempio, è dove andremo, tutto risolto senza problemi.

Mi sento un po' affaticato. Deve essere il mostro del quotidiano o quello che cerca di emergere. Forse nemmeno lui sa cosa vuole, dove sbaglierà o quando vinceremo. Il seguito delle varie marche e sottomarche di prodotti vari, se ci arriveremo, sarà italiano. E chissà cosa ci aspetterà dopo tutto questo? Dopo il male e il bene, poi inventeremo semplicemente la vita. Qual è la norma? Lavorare e morire. Cosa puoi vedere? Chiudi gli occhi e continui o c'è una porta oltre? Nessuno menziona un bene, è forse vietato? Restiamo ancorati al male. Cosa deve ancora accadere? E troverai qualcuno che te lo spieghi mentre continui il tuo cammino, in un luogo in cui non volevi tornare.

Le regole delle tradizioni che vogliono essere cancellate, si insinuano nella nostra carne per tradirci o colpirci. Non sappiamo neppure chi siamo, ma forse era meglio ridere. La ragione è la popolazione o la memoria, è il limite. Come sapremo dove fermarci? E chi chiamare? Chi sono queste persone che sembrano sempre pronte a disturbare?

Continui ancora oggi, perché è una giornata come tutte le altre. Vedrai persone e molte altre cose che non sono immoralità. Sai cosa hai fatto oggi, anche se Dio penserà a te dopo. Chissà lo stato delle persone.

Tutto sembra male, con molte ingiurie, ma continuiamo. Forse, da qualche parte, troverai qualcuno con cui parlare. O forse è solo fantasia o polvere sulle spalle. Adesso che non è rimasto nessuno, ricordi quella canzone su come la vita continua. Sempre allo stesso punto di partenza, sembra che ogni sforzo sia vano. Nessuno dice mai nulla. Dobbiamo inventare il posto in cui viviamo. Per loro, ogni fine è sbagliato. Ogni inizio è un punto morto. Chi dice che è assurdo o che dovremmo fare tutto da soli sembra essere bloccato in un punto di partenza. Lascia stare il questionario comune. Non è un affare personale. Non resterai mai solo. Quanti dubbi mentre la radio continua a suonare. Non abbiamo ancora iniziato un progetto per capire o eseguire sempre i pensieri buoni. Risolvere il famigerato questionario non è l'unica soluzione. Se ti trovi nel mondo, nella casa di chi ha sbagliato, un futuro dato a nessuno, o forse ci troveremo solo nella casa di chi ha fatto la scelta giusta o sbagliata. Non esisterà mai un paradiso magnifico in cui le questioni sono risolte.

Prosegui se la tensione aumenta. Un buon caffè chiarisce la memoria del tempo. La realtà è ora come sempre. Sono appena tornato da una breve gita qui vicino, dove non vado spesso a causa dei miei costanti impegni di lavoro. Tutto sembra immacolato, tranne la crisi che incombe. E non crediamo alle nostre aspettative. La mente si svuota e continuiamo in un ciclo che ci porta alla fine. La perdita della fiducia nel vero, la sostituzione dei denti, la mancanza. Qui invece, c'erano impulsi.

Quello che non puoi fare, non farlo, non ti appartiene. Proteggiti. Quando vai in chiesa, segui il cammino più diritto senza spine. Non chiamare. Duole una parte del viso, ma Lui dice che non ci sei. Ci arriverai. La soluzione a ogni quesito esiste. Basta crederci e seguirlo. Non toccare le persone, le danneggi. Sono come la realtà, sono la legge. Si paga. Chiedi se esiste qualcuno che spara per aria lassù.

Il futuro è scappato via, ma siamo qui, il nostro futuro. Dovrei guardare negli archivi, ma sembra non sia rimasto nulla. Eppure, c'è un piano, un terreno in cui la terra sarà più indicativa di te stesso. Non c'è bisogno di andare oltre per trovare qualcuno o qualcosa. La pace nel nostro anticristo è necessaria. Io dico, io ho già avuto. Evita la maggior parte dei mali. Dobbiamo riconoscere cosa sia il bene e cosa sia il male. Campanelle.

Ecco tutto quello che ci dicevano di fare o che volevamo. La discesa dalla casa alla strada sembra essere qui. Mi sembra di essere nel passato, in cui la vita non era ancora ciò che è. Cosa non esiste diventa come l'ignoranza. Il momento di andare a dormire non era ancora arrivato per tutti. La questione era ancora irrisolta. Rimangono poche persone. Bisogna fare tutto in fretta. Cosa non sai rimane cosa non puoi fare. Fumo una sigaretta. È vietato? Non l'ho letto da nessuna parte. Qui nessuno parla, forse è un altro dei problemi a cui dobbiamo far fronte, a cosa abbiamo al fianco per capirci o cosa non abbiamo mai avuto. Restare fermi sarebbe peggio. Lascia andare i falsi. Non c'è spazio per loro, solo per il bene, per questa linea positiva. La realtà si nasconde tra le parole, occorre ripeterle anche al contrario per trovare ciò che cerchi.

17. La Danza degli Eventi

Mentre danziamo tra le ombre del tempo, non possiamo permettere che il passato ci imprigioni o che il futuro ci spaventi. Dobbiamo vivere nel presente, affrontare ogni sfida con coraggio e determinazione. Il nostro destino è nelle nostre mani, e insieme possiamo plasmare il futuro in un'opera d'arte, un'epica danza che continuerà a evolversi, a trasformarsi, a rivelare i segreti più profondi dell'universo.

Le stelle brillano sopra di noi, e i segreti dell'universo sono nascosti tra le loro scintillanti luci. Continueremo a danzare nella notte, alla ricerca della verità, pronti ad affrontare le sfide che il futuro ci riserva. Siamo i custodi della conoscenza e dei segreti, e continueremo a esplorare l'infinita bellezza dell'universo, con la speranza di rivelare ancora più misteri nascosti tra le stelle.

Nella nostra eterna danza, tra le ombre del tempo, continueremo a cercare la luce della verità, a svelare i segreti più profondi dell'esistenza. Siamo pronti a sfidare l'ignoranza, a combattere contro il fascismo, a danzare con coraggio e passione. Siamo i guardiani dell'umanità, i custodi della conoscenza, e la nostra danza continuerà a risuonare attraverso le ere, fino a quando avremo svelato tutti i misteri dell'universo.

Nel buio della notte, la nostra danza prosegue, inesorabile come il fluire del tempo. La storia è il nostro palcoscenico, e le vicende umane sono i nostri movimenti. Ogni gesto, ogni parola, ogni scelta che facciamo contribuisce alla coreografia dell'esistenza.

Siamo circondati da una moltitudine di personaggi, ognuno con la propria storia e il proprio ruolo in questo grande spettacolo. I dialoghi tra di loro sono le linee guida della nostra narrazione, parole pronunciate con saggezza o sconsiderate, che plasmano il destino di chi le ascolta.

La filosofia ci guida attraverso le complesse domande che emergono mentre danziamo tra il passato e il futuro. La ricerca di significato, la lotta tra il bene e il male, la natura dell'esistenza stessa: queste sono le sfide che affrontiamo con ogni passo della nostra danza. La filosofia ci offre una lente attraverso cui scrutare il mondo e cercare risposte a enigmi antichi.

Il tempo, il nostro compagno eterno, ci spinge avanti nella danza. Le lancette dell'orologio segnano le fasi del nostro viaggio, ma la loro costante marcia non deve farci dimenticare l'importanza del presente. Ogni istante è un passo sulla strada dell'esplorazione, un'opportunità per scoprire nuovi segreti e per dare senso alla nostra esistenza.

Nella nostra danza, dobbiamo affrontare le minacce che si nascondono nell'oscurità. Il fascismo, incarnazione del male e dell'ignoranza, cerca di spegnere la luce della verità. Dobbiamo combatterlo con determinazione, perché solo attraverso la conoscenza e la compassione possiamo sconfiggere la paura e l'odio.

Mentre danziamo, scopriamo che la tradizione è il nostro legame con il passato e la nostra guida per il futuro. La saggezza degli antichi, i rituali tramandati, ci ricordano la nostra continuità con coloro che ci hanno preceduto. La cultura è il nostro archivio di conoscenze e di esperienze, un tesoro da custodire e da condividere.

La danza continua, e noi siamo i custodi dell'umanità, i narratori delle storie, i filosofi che cercano la verità, i guardiani della cultura. Attraverso la nostra danza, cerchiamo di plasmare un futuro migliore, in cui la luce della conoscenza brilla intensamente e il fascismo è sconfitto.

Siamo i protagonisti di questa epica narrazione, i danzatori nella notte infinita. La nostra ricerca di significato, la nostra lotta contro l'ignoranza e il male, il nostro amore per la cultura e la conoscenza, sono il cuore pulsante della nostra storia. E mentre danziamo, continueremo a cercare la luce della verità, a svelare i segreti più profondi dell'esistenza.

Nella notte infinita, nella danza eterna degli eventi, noi siamo i guardiani dell'umanità, pronti a difendere la verità e la giustizia, a illuminare le tenebre dell'ignoranza e del fascismo. Con coraggio e passione, danziamo verso un futuro in cui la conoscenza e la compassione trionfano, un passo alla volta.

Così, la nostra narrazione continua, nella speranza di un giorno svelare tutti i misteri dell'universo, con la luce della verità come nostra guida.

Nella danza infinita degli eventi, il viaggio dell'umanità si dipana come un intricato balletto tra passato, presente e futuro. Ogni passo, ogni dialogo, ogni scelta, è un movimento coreografico che definisce la nostra esperienza.

Nel buio della notte, le stelle si ergono come testimoni silenziosi della nostra esistenza. Esse ci ricordano la vastità dell'universo e la nostra piccolezza in confronto. In quei momenti di contemplazione, la filosofia ci guida attraverso le profondità del pensiero, spingendoci a esplorare i misteri della vita e dell'esistenza.

La storia è la nostra musa, e i personaggi che popolano le pagine del nostro racconto sono fonte di ispirazione. Attraverso di loro, possiamo comprendere meglio noi stessi e il mondo che ci circonda. I dialoghi tra i personaggi sono i versi di una poesia che celebra l'umanità e i suoi dilemmi.

La tradizione è il nostro anello di congiunzione con le generazioni passate. Rendiamo omaggio ai saggi che ci hanno preceduto, imparando dalle loro esperienze e onorando i loro insegnamenti. La cultura è il nostro legame con la storia, il nostro patrimonio comune, e il nostro punto di riferimento mentre danziamo attraverso il tempo.

Ma non tutto è armonia nella nostra danza. L'oscurità del fascismo minaccia di offuscare la luce della conoscenza e della compassione. Dobbiamo essere vigili e coraggiosi nel combattere questa forza malefica, perché solo la verità e l'unità possono dissipare le tenebre.

Mentre danziamo nella notte infinita, il tempo è il nostro compagno costante. Le lancette dell'orologio segnano i momenti cruciali del nostro viaggio, e dobbiamo essere consapevoli di ogni istante. Ogni passo che facciamo ha il potere di influenzare il corso degli eventi, e dobbiamo farlo con saggezza e compassione.

Nel nostro cammino, incontriamo sfide e opportunità. Dobbiamo affrontare i mali del mondo con determinazione, cercando la verità e la giustizia.

La filosofia ci insegna a porci domande difficili e a cercare risposte profonde, mentre la tradizione ci ricorda chi siamo e da dove veniamo.

Nella notte infinita, nella danza eterna degli eventi, noi siamo i custodi della storia, i narratori delle storie, i filosofi che cercano la verità, i guardiani della cultura. Con ogni passo, cerchiamo di plasmare un futuro migliore, in cui la luce della conoscenza brilla intensamente.

La nostra danza è una lotta contro l'ignoranza e il male, un inno all'amore per la cultura e la conoscenza. Siamo i protagonisti di questa epica narrazione, e continueremo a danzare con passione e coraggio verso un futuro in cui la verità trionfa.

Così, la nostra narrazione continua, nella speranza di svelare tutti i misteri dell'universo, un passo alla volta, nella luce eterna della conoscenza.

In questa danza eterna, continuiamo a cercare il significato della nostra esistenza. Attraverso il filo del tempo, intessiamo la storia con i nostri sogni, aspirazioni e sforzi. Ogni parola, ogni dialogo, ogni scelta, è una nota musicale nella sinfonia dell'umanità.

Nel chiarore dell'alba, le prime luci del giorno annunciano nuove opportunità e sfide. Il sole sorge all'orizzonte, simbolo di rinascita e speranza. Ogni mattina è una pagina bianca, pronta ad essere scritta con i nostri atti e pensieri.

Le parole pronunciate dai nostri personaggi diventano riflessioni profonde sulle complessità dell'anima umana. Attraverso di loro, esploriamo le intricazioni dell'amore, della paura, della passione e della perdita. Sono i monologhi dell'anima, le voci interiori che ci guidano attraverso il labirinto dei sentimenti.

La cultura è il nostro tesoro, un ricco patrimonio di idee, tradizioni e conoscenza. Dobbiamo custodirla gelosamente e condividerla con le future generazioni. La filosofia ci insegna a cercare la saggezza nelle parole dei grandi pensatori del passato, ad affrontare le domande più profonde dell'esistenza e a esplorare le infinite possibilità del pensiero.

La tradizione è il nostro legame con le radici, con il passato che ci ha plasmato. Dobbiamo onorarla e rispettarla, riconoscendo il suo valore nella costruzione del nostro futuro. La cultura è il nostro punto di riferimento, il faro che ci guida nella notte.

Ma anche nella luce dell'alba, le tenebre del male minacciano di oscurare il nostro cammino. Il fascismo è un nemico che cerca di distruggere la nostra cultura, la nostra storia e il nostro spirito. Dobbiamo essere uniti nella nostra opposizione e combattere con determinazione per preservare la verità e la libertà.

Ogni giorno è un capitolo nella nostra storia, una pagina nel libro della nostra esistenza. Dobbiamo scriverlo con coraggio, con l'intento di plasmare un futuro migliore. Le nostre azioni, anche le più piccole, hanno un impatto sul corso degli eventi. Ogni passo che facciamo è un atto di creazione, una danza attraverso il tempo.

La filosofia ci insegna a cercare il significato della vita, a esplorare le profondità dell'anima, a porci domande difficili e a cercare risposte profonde. La tradizione ci ricorda chi siamo e da dove veniamo, mentre la cultura è il nostro faro nella notte.

Nella luce dell'alba, danziamo verso un futuro in cui la verità trionfi sulle tenebre del male. La nostra narrazione continua, guidata dalla passione per la conoscenza e dalla speranza di un mondo migliore.

Così, nella danza eterna degli eventi, continuiamo a scrivere il nostro racconto, un passo alla volta, verso la luce eterna della conoscenza.

Le parole di G. risuonano nell'aria come una melodia, intrecciando i fili del passato, del presente e del futuro. Il racconto di una generazione che lotta per preservare la sua cultura, la sua libertà e la sua dignità è un richiamo all'azione. È un'invocazione per unire le forze contro il male che minaccia di oscurare la luce della verità.

Mentre il sole si alza alto nel cielo, la città di Roma si sveglia al suono della vita. Le strade sono animate da persone che vanno e vengono, ciascuna con la propria storia da raccontare. La storia di un luogo che ha visto imperi sorgere e cadere, che ha assistito alla nascita e alla morte di civiltà intere.

Le parole di G. ci invitano a riflettere sulle nostre radici, a esplorare la profondità delle nostre anime e a cercare il significato della vita. Sono un richiamo alla saggezza dei filosofi e dei pensatori che ci hanno preceduto, un invito a mantenere viva la fiamma dell'indagine intellettuale.

La ricerca della verità è una missione che richiede determinazione e coraggio. Dobbiamo sfidare il male, smascherare le menzogne e difendere la giustizia. La storia ci insegna che le tenebre possono oscurare la verità per un po', ma alla fine la luce prevale sempre.

Nel calar della sera, il cielo si riempie di colori, come una tela dipinta da un artista celeste. Le stelle iniziano a brillare, simboli di speranza e di mistero. La notte è un periodo di riflessione, di silenzio, di connessione con l'infinito.

Le parole di G. sono una testimonianza della resistenza dell'animo umano, della sua capacità di affrontare le sfide più grandi e di emergere più forte. Sono un inno alla bellezza della cultura, alla profondità del pensiero e alla forza della tradizione.

Nella notte silenziosa, la storia continua a fluire come un fiume eterno. Il nostro racconto si intreccia con quelli di chi ci ha preceduto e con quelli delle generazioni future. Siamo tutti danzatori nella grande coreografia dell'umanità.

Nel silenzio della notte, possiamo sentire il battito del cuore della storia, il respiro del tempo. Siamo parte di una narrazione più grande, una storia che abbraccia l'universo stesso. La nostra esistenza è un regalo, un'opportunità di lasciare un'impronta indelebile sulla pagina della vita.

Le parole di G. ci ricordano che la lotta per la verità e la libertà è una missione condivisa, una danza che coinvolge tutti noi. Siamo chiamati a preservare la nostra cultura, a onorare la tradizione e a cercare la saggezza. Siamo chiamati a resistere al male e a cercare la luce.

Nella notte profonda, continuiamo a scrivere il nostro racconto, un capitolo alla volta. La storia dell'umanità è una narrazione infinita, una danza eterna degli eventi.

La notte scivola via, lasciando spazio all'alba. Con il sorgere del sole, la città di Roma si risveglia, e con essa anche i suoi abitanti. La vita riprende il suo ritmo frenetico, ma il richiamo di G. continua a risuonare nelle menti di coloro che hanno ascoltato il suo racconto.

Gli eventi del passato si fondono con il presente, mentre le persone continuano il loro cammino attraverso le strade di Roma. Le conversazioni si svolgono tra amici e sconosciuti, condividendo idee e speranze per il futuro. La storia di G. ha ispirato una discussione profonda sulla cultura, la tradizione e la lotta per la verità.

Mentre le parole di G. si diffondono, diventano parte di una narrazione più ampia, una storia condivisa. La sua voce si unisce a quella di molti altri che cercano di illuminare il cammino attraverso la densa foresta delle sfide e delle incertezze della vita.

Il capitolo finale del racconto di G. è un invito alla riflessione. Ci chiede di considerare il significato della nostra esistenza, la nostra connessione con il passato e il nostro ruolo nella creazione della storia. Ci ricorda che siamo tutti danzatori in questa grande coreografia dell'umanità.

Mentre la storia continua a fluire, ognuno di noi ha un contributo unico da offrire. La nostra cultura, la nostra tradizione e il nostro impegno per la verità sono i colori con cui dipingiamo la nostra parte della tela della vita.

La notte si avvicina di nuovo, e le stelle si accendono nel cielo. Siamo circondati dal mistero e dalla bellezza del cosmo, una costante fonte di ispirazione. La notte è un momento di silenzio, ma anche di speranza.

Le parole di G. ci insegnano che la ricerca della verità e della libertà è un impegno costante. È una danza che non conosce fine, una coreografia che richiede il nostro impegno costante. Siamo chiamati a continuare a danzare, a scrivere il nostro racconto sulla pagina della vita.

Nella notte silenziosa, riflettiamo sul messaggio di G. La storia dell'umanità è una narrazione complessa, con alti e bassi, sfide e trionfi. Ma la nostra volontà di cercare la verità e la luce è ciò che ci guida attraverso le tenebre.

Nella notte, continuiamo a sognare, a sperare, a lottare. La danza degli eventi continua, e noi siamo parte di essa. La nostra storia è un capitolo che si scrive giorno dopo giorno, e il futuro è un libro aperto pieno di possibilità.

Con queste parole, concludo il racconto di G., ma la storia continua. Il nostro compito è portare avanti il messaggio di G., onorare la nostra cultura e cercare la verità. Siamo tutti danzatori nella grande coreografia dell'umanità, e la danza non ha fine.

Nella notte silenziosa, riflettiamo sul messaggio di G. La storia dell'umanità è una narrazione complessa, con alti e bassi, sfide e trionfi. Ma la nostra volontà di cercare la verità e la luce è ciò che ci guida attraverso le tenebre.

Nella notte, continuiamo a sognare, a sperare, a lottare. La danza degli eventi continua, e noi siamo parte di essa. La nostra storia è un capitolo che si scrive giorno dopo giorno, e il futuro è un libro aperto pieno di possibilità.

Con queste parole, concludo il racconto di G. La sua storia ci ha mostrato che siamo tutti legati l'uno all'altro in questo intricato tessuto dell'umanità. Le nostre culture, le nostre tradizioni e la nostra ricerca di verità sono ciò che ci rende unici, ma è anche ciò che ci unisce.

La danza degli eventi è eterna, e ognuno di noi ha un ruolo da svolgere in essa. La nostra voce è il nostro strumento, e il nostro impegno è la nostra coreografia. Continueremo a cercare la verità, a esplorare il passato e a plasmare il futuro.

Nella notte stellata, ricordiamo il messaggio di G.: non siamo mai soli nella nostra ricerca. La nostra storia è parte di un'ampia narrazione, un racconto che si estende oltre le singole vite. Siamo parte di qualcosa di più grande, e la nostra danza continua.

Mentre le stelle brillano nell'oscurità, sappiamo che la luce della verità continua a guidarci. La notte può essere buia, ma anche in essa troviamo speranza e ispirazione. La danza degli eventi continua, e noi balliamo insieme nella grande coreografia dell'umanità.

Mentre il sole sorge all'orizzonte, riflettiamo sulla storia di G. È una storia di ricerca e scoperta, di sfide e crescita. È una narrazione che ci ricorda che siamo tutti connessi, che le nostre storie si intrecciano e si fondono nella grande danza degli eventi.

La ricerca di G. è la ricerca di tutti noi, una ricerca di significato, di verità, di identità. È una danza nella quale partecipiamo ogni giorno, con i nostri passi, con le nostre parole, con le nostre azioni. La sua storia è la storia dell'umanità, una storia di speranza e di fede nel potere della conoscenza.

Nel cuore di questa narrazione, c'è un invito a cercare, a esplorare, a non smettere mai di danzare. Ogni passo, anche se piccolo, fa parte dell'ampia coreografia della vita. La verità è un faro che ci guida attraverso le tenebre, e il desiderio di conoscerla è ciò che ci unisce.

Le stelle che punteggiano il cielo notturno sono come le domande senza risposta, i misteri che ci spingono a cercare sempre di più. Anche se non possiamo conoscere tutte le risposte, la bellezza sta nel cercare. La danza degli eventi è una danza eterna, e la nostra parte in essa è preziosa.

Con queste parole, concludo il racconto di G. La sua storia continua in ognuno di noi, nei nostri sogni, nelle nostre aspirazioni, nelle nostre azioni. Siamo parte di questa narrazione eterna, parte della grande danza degli eventi.

Mentre la storia di G. giunge alla sua conclusione, ricordiamo che il nostro viaggio continua. Continueremo a cercare, a esplorare e a danzare attraverso la vita, nella speranza di scoprire sempre di più. Siamo tutti parte di questa storia, e insieme scriviamo il prossimo capitolo.

E così, con queste parole, il racconto di G. giunge alla sua conclusione. Il suo viaggio, intriso di ricerca e scoperta, di sfide e crescita, si unisce alla grande danza degli eventi che è la storia dell'umanità stessa.

Nella sua ricerca di significato, G. ci invita a non smettere mai di danzare, a esplorare e a cercare la verità, anche se le risposte rimangono sfuggenti come le stelle nel cielo notturno. La sua storia è un richiamo a non arrenderci, a perseverare nella ricerca, e a condividere la bellezza del viaggio con gli altri.

Così, mentre diciamo addio a G. e alla sua storia, sappiamo che il nostro viaggio continua. Siamo tutti parte di questa narrazione eterna, e ognuno di noi contribuisce con la propria storia alla grande danza degli eventi. Che il cammino ci porti a nuove scoperte, a maggiore comprensione e a una connessione sempre più profonda con il mondo che ci circonda.

Con questo, concludiamo il racconto di G., ma non il nostro viaggio. La prossima storia ci attende, pronta a essere scritta. Che sia piena di significato, di avventure e di crescita, proprio come il viaggio di G. E, nella grande danza degli eventi, continueremo a danzare.

Fine.

18: Ritorno alla Semplicità

Ogni cosa è male. Tante ingiurie, e comunque, proseguiamo. Magari, da qualche parte, c'è qualcuno con cui parlare. Magari è solo fantasia o polvere sulle spalle. Adesso che non è rimasto nessuno. Sai la canzone su come la vita continua. Sempre al punto d'inizio. Ogni intento sembra vano. Sai, nessuno dice mai niente. Inventa il posto dove vivere. Ogni finale è sbagliato. Ogni inizio è un punto morto. Chi dice che sia assurdo o che dobbiamo farlo da soli si trova solo in un punto iniziale. Lascia perdere il questionario comune. Non è una faccenda personale. Mai rimarrai solo a vegliare. Quanti dubbi, mentre la radio continua a suonare. Non abbiamo mai avviato un progetto per seguire o eseguire sempre i pensieri buoni. Non è solo la soluzione al maledetto questionario. Se ti trovi nel mondo, a casa di chi ha sbagliato, un futuro dato a nessuno, o ci troveremo solo a casa di chi è giusto e chi è sbagliato. Non in quel magnifico paradiso in cui si può parlare liberamente e tutti i problemi sono già risolti. Si prosegue, la tensione aumenta. Un buon caffè rischiara la memoria del tempo. Ora, sarà la realtà di sempre. Sono appena tornato da una breve gita qui vicino, dove non vado spesso a causa degli impegni lavorativi. Tutto sembra in ordine, tranne la crisi che è vicina. E il non credere alle nostre aspettative. La mente si svuota, e si continua in un circuito che porta alla fine, alla perdita della fede nel vero. La sostituzione dei denti, la deficienza. Qui, invece, c'erano impulsi.

Quello che non puoi fare, non farlo. Non ti appartiene. Proteggiti. Come andare in chiesa e seguire il sentiero più retto senza spine. Mi raccomando, non chiamare. Duole una parte del volto, dove dice.

Dopo una notte di riflessioni profonde e pensieri intricati, G. si svegliò con una strana sensazione. Era come se tutto ciò che aveva pensato nei giorni precedenti si fosse concretizzato in un'unica, chiara verità. Camminò fino alla finestra, tirando le pesanti tende verdi per permettere alla luce del giorno di filtrare nella stanza. Era una mattina fredda, ma il sole si alzava con la promessa di un nuovo giorno.

G. sorrise mentre osservava la città da quella finestra. Aveva trascorso tanto tempo a esplorare le complessità della vita, a cercare risposte in ogni angolo della società e a immergersi in riflessioni profonde. Ma ora, finalmente, aveva realizzato che la semplicità poteva essere la chiave.

Decise di dedicare la giornata a ritornare alle radici, a riflettere sulla bellezza delle piccole cose. Uscì per una passeggiata in un parco vicino, osservando gli alberi spogli che si preparavano per l'inverno e gli uccelli che cantavano allegramente.

Mentre camminava, incontrò un anziano signore che sedeva su una panchina. L'uomo aveva un sorriso gentile e occhi che brillavano di saggezza. G. decise di fermarsi e scambiare qualche parola con lui.

L'anziano raccontò storie di tempi passati, di quando la vita era più semplice e le persone erano più connesse tra loro. Parlarono di come il mondo moderno avesse perso di vista ciò che era davvero importante, distratto dalle distrazioni e dalle complessità della tecnologia e della società.

G. ascoltò attentamente, cercando di assorbire le lezioni di quell'uomo anziano. Alla fine del loro incontro, si sentì ispirato a fare un passo indietro, a semplificare la sua vita e a cercare la bellezza nella purezza della semplicità.

Tornò a casa e prese un quaderno, iniziando a scrivere i suoi pensieri. "Forse," scrisse, "la risposta non è cercare sempre qualcosa di nuovo o di più complicato. Forse è il momento di tornare alle basi, di apprezzare la semplicità della vita e di connettersi con gli altri su un livello più profondo."

Il giorno si trasformò in sera, e G. si sentì sereno. Aveva fatto un passo verso la comprensione di ciò che veramente importava. Era come se avesse trovato una chiave segreta per la felicità, nascosta tra le pieghe della vita quotidiana.

Epilogo

In questo viaggio attraverso le pagine di "Bilanciando l'Essenza," abbiamo attraversato i confini dell'animo umano, esplorando il delicato equilibrio tra le luci e le ombre che plasmano la nostra esistenza. Ci siamo addentrati nel cuore delle riflessioni interiori, affrontando le dualità apparenti che spesso ci tormentano. Il bene e il male, l'ignoranza e la conoscenza, il passato e il futuro: questi concetti si sono rivelati intricati fili conduttori del nostro percorso.

Nell'infinita trama del tempo, ci siamo ritrovati ancora una volta. Il 31 marzo 2008 è solo una frazione di questo flusso inarrestabile, un frammento di eternità in cui siamo confinati, a vagare tra i sogni e la realtà. Siamo soli nel vasto mare del tempo, impotenti di fronte alle sue oscillazioni. Ma cosa è reale? Cosa è un'illusione? Siamo prigionieri di questa dimensione, costretti a danzare al ritmo della sua musica incomprensibile.

L'ignoranza ci perseguita, avvolge le nostre menti come una nebbia fitta. Il passato, un cancro che affligge l'Europa, si proietta nel presente, alterando la nostra percezione della realtà. La conoscenza è solo un frammento di verità, e la sua ricerca può condurci a nuove prospettive, ma anche a nuovi enigmi.

La presenza è un concetto sfuggente, un atto che rivendica la sua supremazia. Ma il gioco del tempo è capriccioso, spingendoci ad affrontare i dilemmi dell'esistenza senza garantire risposte certe. Chi siamo noi per rubare l'identità al tempo? La realtà è uno specchio distorto, riflettente le nostre aspirazioni e i nostri sogni, ma anche le ombre del passato.

Attraversando il "limen," il confine tra ciò che è finito e ciò che è ancora ignoto, abbiamo intrapreso un viaggio interiore alla ricerca dell'essenza stessa della vita. Questo libro rappresenta un'ode alla profondità dell'animo umano e al costante desiderio di bilanciare le diverse sfaccettature della nostra esistenza. Che tu sia un viaggiatore occasionale o un cercatore incallito di verità, ti auguro che queste pagine ti abbiano offerto spunti di riflessione e ispirazione.

Nel caleidoscopio delle riflessioni, nella danza tra le luci e le ombre, possiamo trovare un equilibrio che ci permette di abbracciare la bellezza e la complessità della vita. Lasciamo che queste parole ci accompagnino mentre continuiamo a esplorare il nostro cammino, alla ricerca di significati più profondi e di una comprensione più ampia di chi siamo e del mondo che ci circonda.

Vorrei esprimere la mia profonda gratitudine a te, caro lettore, per avermi accompagnato in questo viaggio tra le pagine di questo libro. Il tuo tempo e la tua attenzione sono i doni più preziosi che potessi ricevere, e sono onorato che tu abbia scelto di condividere questa esperienza con me.

Questo libro è stato scritto con l'ardente desiderio di offrire una prospettiva unica sulla complessità della vita umana, sulle dualità che plasmano la nostra esistenza e sulle profonde riflessioni interiori che possono ispirare il pensiero e la crescita personale. Il mio intento è stato di offrire una voce sincera e autentica, una voce che rifletta le sfumature e le contraddizioni dell'essere umano.

Durante questo viaggio, spero che tu abbia trovato spunti di riflessione, ispirazione e conforto. Ogni pagina di questo libro è stata plasmata dal desiderio di connettersi con te e di condividere in modo onesto le mie visioni e le mie esperienze.

Ringrazio anche coloro che hanno sostenuto e ispirato questo progetto, le menti creative e i cuori generosi che hanno contribuito a plasmare questa opera. Senza il loro supporto, "Bilanciando l'Essenza" non sarebbe stato possibile.

Infine, mi auguro che tu continui il tuo viaggio di esplorazione e crescita personale, che tu possa bilanciare l'essenza della tua vita e danzare tra le luci e le ombre con grazia e consapevolezza. Grazie ancora per essere stato al mio fianco in questo percorso. Che la tua strada sia illuminata da scoperte sempre più profonde e significative.

Con gratitudine,

Gerardo D'Orrico

Contatti dell'Autore:

E-Mail
gerardo.dorrico@gmail.com

WhatsApp
+39 339 67 25 127

Web
https://gera76.github.io/beneinst/

Facebook
@gerardo.dorrico

Medium
https://gerardo-dorrico.medium.com/

Pinterest
https://www.pinterest.it/beneinst/

Youtube
https://youtube.com/@beneinst?si=aZ6YGNO0EJWPFQDR

www.ingramcontent.com/pod-product-compliance
Lightning Source LLC
Chambersburg PA
CBHW050731260726
48661CB00001B/180